[지식경영

SK 주식회사 지식경영 우수 추진사례

이렇게 하라]

국립중앙도서관 출판시도서목록(CIP)

지식경영 이렇게 하라/SK 주식회사 KM 추진팀 지음.
— 서울 : 한국능률협회출판, 2003
    P. ;   cm.

관제: SK 주식회사 지식경영 우수 추진사례
ISBN 89-7277-222-4 13320 : ₩10,000

325.1-KDC4
658.401-DDC21   CIP 2003001782

지식경영 이렇게 하라

SK 주식회사 지식경영 우수 추진사례

SK 주식회사 KM 추진팀 지음

리드 리드

지식경영 이렇게 하라

초판 1쇄 발행 / 2003년 12월 24일
3쇄 발행 / 2006년 4월 24일

지은이 / SK 주식회사 KM 추진팀

펴낸이 / 이웅녕
펴낸곳 / 리드리드출판(주)
(구)한국능률협회출판
출판등록 / 1978년 5월 15일(제13-19호)

주소 / 서울 마포구 도화동 544 고려빌딩

홈페이지 / www.readlead.co.kr
이메일 / i@readlead.co.kr
전화 / (02)719-1424
팩시밀리 / (02)719-1404

값 10,000원

ISBN 89-7277-222-4 13320

추 천 사

　지식경영이 21세기 기업의 경쟁력을 좌우할 핵심 경영 패러다임으로 국내외에서 인식되고 있다. 하지만 지식경영을 단기적인 경영 혁신운동 중의 하나로 한번 시도해 보는 것과 모든 조직 구성원들이 지식자산의 중요성을 이해하고, 끊임없이 새로운 지식을 창출, 공유, 활용함으로써 자신의 역량을 키우고, 소속 부서의 업무 프로세스를 혁신하여 조직의 경쟁력을 제고하는 것과는 큰 차이가 있다.

　필자는 지난 6년간 국내외 기업들의 지식경영추진 사례들을 연구하는 과정에서 기업의 업무와 무관하게 추진된 지식경영 프로젝트들은 대부분 실패하였고, 개인과 부서의 업무상 핵심 문제들을 해결할 수 있을 때에만 지속적인 지식기반 경영이 가능함을 확인할 수 있었다.

　이번에 발간된 SK 주식회사의 지식경영 사례집은 지식경영을 통해 기업이 핵심 문제들을 해결하고 조직 구성원들이 세계 초일류기업으로의 도약에 대해 확신을 갖게 된 내용들을 현장에서 직접 지식경영을 추진하였던 현업인력들을 통해 생생하게 전달하고 있다.

이 사례집은 이미 지식경영을 추진하고 있는 기업들은 물론 이제부터 지식경영을 시작하려고 하는 많은 기업들에게 과연 성공한 지식경영의 실체는 무엇이고 그러한 성공을 위해서 필요했던 핵심 요소들과 기업에 나타나는 지식경영의 구체적인 결실들을 보여 줌으로써 지식경영 추진의 바람직한 모델과 전략을 제시해 주고 있다.

특히, 전사적으로 활성화된 CoP(Community of Practice: 실천 공동체) 활동과 Solution Pack의 구축은 국내뿐 아니라 국제적으로도 보기 드문 모범 사례라고 평가할 수 있겠다. 본 사례집은 '지식경영을 위한 지식경영'이 아닌 '초일류기업으로의 변신을 가능케 하는 지식경영'을 추진하고자 하는 지식경영 실무진들과 지식경영을 연구하는 모든 학생들과 연구자들에게 귀중한 선물이 될 것이다.

KAIST 테크노경영대학원
지식경영연구센터장

김 영 걸

SKMS와 지식경영

SK 그룹은 고(故) 최종현 회장께서 1979년에 정립한 SK 고유의 경영관리 체계인 SKMS(SK Management System)를 기본 경영 기법으로 삼고 있다. 다양한 지식을 가진 여러 사람이 제각기 다른 판단을 하면서 경영에 임하게 되면 합의된 의사결정을 내리기가 어렵고 구성원의 힘을 모으는 데 효율이 떨어지게 되므로 SK인 모두가 통일된 용어로 합의하고 실천하는 경영관리 체계를 갖게 된 것이다.

SKMS는 기업 경영에 관한 본질과 방향을 정리한 경영 기본이념과 경영을 효율적으로 수행하기 위해 관리해야 할 경영관리 요소로 구성되어 있다. 경영 기본이념은 기업관, 기업 경영의 정의와 목표, 방침을 정하거나 의사결정시 기준이 되는 경영 원칙이 포함되어 있으며, 경영관리 요소는 통상적인 경영학을 중심으로 개발된 경영 방법인 11개 정적요소와 사람 속에 들어 있는 요소를 잘 관리해서 자발적이고 의욕적으로 일에 임하게 하는 5개 동적요소로 구성되어 있다.

11개 정적요소 중 하나인 정보 관리는 정보와 지식을 잘 활용하여 올바른 의사결정과 SUPEX을 추구하는 것을 의미하며, 여기에서 다루고 있는 정보·지식의 정의와 효율적인 관리를 위한 운영요령은 SK 주식회사가 지식경영을 도입하고 실천하는 데 가장 큰 원천이 되었다.

폭 넓게 정보를 수집하여	경영자가 정확한 지식을 갖게 하고	경영활동에 활용하도록 하는 것이다
Infra	Contents	Strategy / Value
People | Process | System		
• 구성원의 열의와 상사의 지도 및 솔선수범 • 효과적인 정보관리를 위한 정보 기술의 활용(DB, N/W) • 지식을 수집, 평가, 결합, 분석하는 절차 및 제도	• 필요한 지식과 정보의 범위를 설정 • 정보를 기억하고 사고(Contemplation)를 통해 불분명한 점이 없도록 이해하여 머리 속에 간직 • 알고 있는 지식을 표현하여 다른 사람을 충분히 이해시켜야 함	• 의사결정이나 SUPEX 추구시에 경영자가 갖고 있는 지식을 최대한 활용하여 이윤극대화가 이루어 지도록 함.

〈지식경영의 정의와 운영요령〉

지식경영 도입 과정

SK 주식회사에게 지식경영은 전혀 새로운 것은 아니라고 볼 수 있다. QC/SQC 분임조 활동, 각종 규정 및 작업표준 정립, 사내 연구회 활동, GroupWare를 활용한 CUG(Closed User Group)[1]와 전자결재, 전자문서함, 정보광장, Best Practice 제도 등을 과거부터 운영해 오고 있었기 때문이다. 그러나 1990년대 중반, 개인과 조직의 지식을 효과적으로 확보하고 활용하는 것이 기업 경쟁력의 핵심 원천이라는 인식이 확산되면서 보다 체계적이고 전사적인 지식 관리와

---

1) CUG(Closed User Group): KM 도입 이전에 Group Ware 내에서 활용하던 커뮤니티의 명칭으로 일반회원들은 접근할 수 없는 형태로 운영되어 Closed User Group으로 불렸으나, KM 도입 후 CoP로 통합.

지식 공유 시스템의 구축 필요성이 대두되었다.

1998년 지식경영 연구회 활동을 통해 선진 기업들의 최근 동향과 이론적 배경 등에 대해 충분히 학습을 한 후, 최고경영층에 지식경영 도입을 제안, 승인을 얻게 되었다.

최고 경영층의 승인 이후, 지식경영을 전사 차원으로 도입할 것인가에 대해 고민을 하던 중, 사업 영역과 기능이 매우 다양한 SK 주식회사의 환경에서는 우선 일부 조직에 Pilot로 시행해 보고, 이때의 경험을 반영하여 전사적으로 확산하는 것이 타당하다는 데에 의견을 모았다. 이에 따라서 40여년 간의 운전 경험과 기술, 노하우가 많이 축적되어 있는 생산부문인 울산 Complex[2]와 소규모이지만 사업 관련 MPR/S/T(Marketing, Production, R&D, Staff, Top Management)[3] 간 신속하고 긴밀한 커뮤니케이션과 코디네이션이 요구되는 윤활유 사업을 대상으로 1999년 하반기에 선도 프로젝트를 추진하였다. 이 때 생산부문은 전문가 간 학습 조직인 CoP와 핵심지식 확보 · 활용을 위한 Knowledge Base를 중심으로, 윤활유 사업부는 업무수행 과정에 창출되는 모든 정보/지식의 창출 · 공유 · 활용이 KM 시스템을 통해 이루어지도록 업무 프로세스를 개선하였다.

2000년 3월에는 2개 선도 프로젝트의 수행 경험 분석과 전 임원/

---

2) 울산 Complex: 울산 고사동에 위치하고 있는 SK 주식회사의 생산 시설은 250만평 규모에 49개 생산 공정 및 제품 저장/출하 시설이 운영되고 있어 단일 공장 규모로는 세계 최대이며, 여러 공장이 한 곳에 집중되어 있다는 의미로 Complex라 부름.

3) MPR/S/T(Marketing, Production, R&D/Staff/Top Managmenet): 하나의 상품을 시장에 내놓는 데 필요한 마케팅, 생산, 연구개발, 스탭, 최고경영층을 말하며, SK에서 조직 간 Coorperation과 Coordination이 모두 잘 이루어져 조직 간의 경계는 있어도 벽은 없는 조직 운영이 되어 사람이 조직을 십분 활용할 수 있게 하는 조직 운영법을 의미함.

팀장과의 면담, 각 팀의 지식경영 추진 담당자와의 Can Meeting[4]을 통해 전사 도입을 위한 '지식경영 추진 마스터플랜'을 수립하였다.

지식경영 추진 마스터플랜의 주요한 전략을 세 가지로 정리하면, 첫째 지식경영의 목표는 지식을 활용한 업무효율 향상과 40년 간의 경영 노하우와 기술을 패키지화한 지식기반사업 창출, 둘째 이러한 목표 달성을 위해 업무 수행과 동시에 지식 축적(Working Room), 전사적 지식 공유(K-Base), 지식 사업화(Solution Pack)의 3단계 지식 관리, 셋째 이러한 기반에서도 임원·팀장의 리더십 하에서 각 조직의 특성이 반영될 수 있도록 지식경영을 추진하는 것이었다.

2000년 상반기에는 에너지사업, 화학사업, R&D 등 기존 핵심 사업에, 하반기에는 OK Cashbag, 사업 개발 등 신규 사업과 Corporate Staff에 KM 시스템을 구축하여 2001년 10월에 전사적으로 KM 시스템의 구축이 완성되었다. KM 시스템 구축과 동시에 전 임직원의 지식경영 필요성에 대한 공감대 형성, 이해도 및 실천력 제고를 위해 변화관리 프로그램을 수립하고, 14차에 걸친 KM e-Mail 교육, 담당자 워크숍, 임원/팀장 설명회 등의 교육 및 커뮤니케이션을 수행하였다.

SK 주식회사 지식경영 모델

지식경영 모델은 업무 수행과 동시에 지식을 축적·활용하고, 궁극

---

4) Can Meeting: SK에서 의사 전달이 충분히 이루어질 수 있도록 구성원 서로가 모든 의사를 빠짐없이 자유롭게 전달하여 똑같이 이해하고, 전달하고자 하는 내용에 따라 의견 일치나 일체감 형성에까지 이르게 하는 SK 고유의 회의 문화를 말함. Can Meeting에 참석할 때는 직위, 조직의 틀에서 벗어나 자유롭게 토론해야 하고, 결론이 날 때까지 시간제한 없이 수행해야 하는 것이 원칙임.

적으로 단순한 지식의 관리가 아닌 지식을 기반으로 한 사업화, 즉 Knowledge Based Business를 지향하고 있으며, 지식을 Working Room, Knowledge Base, Solution Pack의 3단계로 구분하여 관리하는 것이다.

첫번째 단계인 Working Room을 통해서는 업무 수행과 동시에 지식을 창출하고 학습 속도를 높이는 자연스러운 지식공유 활동이 이루어지도록 하며, 두 번째 단계인 Knowledge Base는 분야별 전문가인 KC(Knowledge Champion)가 Filtering을 실시하여 고급 지식을 확보하게 하고, 전사 차원에서 지식을 공유·활용하게 하여 시너지가 발생할 수 있도록 한다.

세 번째 단계인 Solution Pack은 내·외부 고객의 요구에 맞도록 'One Stop Service of Knowledge' 개념으로 지식을 패키지화하여 내부 업무효율 향상 및 지식기반의 사업을 수행할 수 있게 한다.

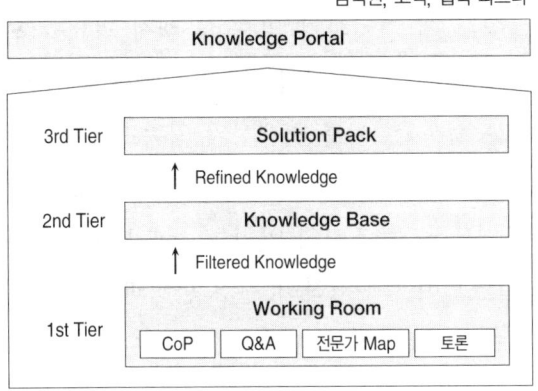

〈SK주식회사 지식경영 모델〉

지식경영의 정착 및 성과
2001년을 지식경영 정착의 해로 정하고, 업무와 별개로 인식되지 않고 자연스럽게 실천되는 지식경영, 팀 경영전략과 연계하여 성과가 나는 지식경영, 고객 Needs에 맞는 지식 자산의 확보 및 지식 기반 사업화를 목표로 추진하게 되었다. 초기 정착을 위해 최고 경영층의 강력한 Sponsorship과 임원/팀장의 리더십이 발휘되었으며, 사업/부문의 특성에 맞는 지식경영 추진을 위해 KM Manager를 56명으로, 지식 Filtering을 위한 전문가인 KC(Knowledge Champion)를 148명으로 확대 운영하였다. 또한 구성원이 쉽게 지식을 업무에 활용할 수 있도록 개인화, 전문화, 검색이 강화된 Knowledge Portal 개념의 KM 시스템으로 개선하였으며, 우수 활동자에 대한 포상도 확대, 시행하였다.

2002년에는 지식경영이 조직의 경영전략과 맞물려서 성과를 내는 성과지향적 지식경영을 강화하고, 이를 통한 축적된 지식자산에 대한 활용을 높이는 데 주력하기 위하여 '핵심 필요 지식의 확보/활용, 창의적 학습문화 정착, 지식사업화 지원을 위한 Solution Pack 확보'를 목표로 정하고, 이를 현재까지 지속적으로 추진하고 있다. 2003년에는 이러한 성과 지향적 지식경영이 각 조직에서 효과적으로 실행될 수 있도록 각 조직의 임원/팀장과 Knowledge Manager의 역할을 강화하였으며, 각 조직의 경영 환경과 조직의 특성에 따라 차별적으로 추진해 오고 있다.

이러한 지식경영 추진의 대외적인 성과로서 국내 지식경영 분야의 가장 권위 있는 상인 매일경제-부즈알렌 지식경영 대상에 SK 주식회사 울산 Complex가 2000년 Good KM Start 상을, 2001년에는

Focused Excellence 상을 연속 수상하였다.

향후 계획

이러한 외형적인 성과에도 불구하고 앞으로 해결해야 할 숙제도 적지 않다.

먼저 중점을 두고 추진하고 있는 방향이자 지식경영의 최종적인 목표인 회사의 Vision 달성과 경영 전략과 연계된 KM을 추진하면서 회사가 성장할 수 있는 원동력이 될 수 있도록 지속적으로 발전시키고자 한다. 이를 위해, 가장 우선적으로는 각 조직의 임원/팀장이 충분히 리더십을 발휘할 수 있도록 지원할 계획이며, 둘째, 사업/부문의 경영전략 달성을 위한 핵심 역량, 핵심지식을 중심으로 낭비와 오류가 없게 Contents를 관리하게 하고, 셋째, 변화가 빠른 시대에 창의적인 조직 문화, 특히 학습 문화가 정착될 수 있도록 CoP 활동을 장려하며, 넷째, 내부에 경쟁력이 있고 사업수행 모델이 정리된 지식은 지식기반 사업화(Knowledge Based Business)가 가능하도록 Solution Pack 개발을 지속적으로 추진하며, 다섯째, 구성원들이 업무 수행시 필요로 하는 지식과 정보의 서비스를 강화하고자 한다.

이외에도 지식경영에 대한 장기적인 과제인 지식 자산의 기업 가치와의 연결, 지식경영 수준의 진단 및 평가, 새로운 차원의 지식경영 영역 개발 등을 위해 KAIST를 비롯한 국내 · 외 학계와의 협력 및 우수 기업에 대한 Benchmarking에도 중점을 두어 세계 수준의 KM에 뒤떨어지지 않도록 계속 노력할 예정이다.

제 2 장 PRODUCTION

제 1 장
MARKETING

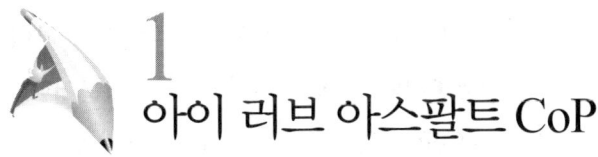

1
아이 러브 아스팔트 CoP

특수제품사업부

선배들의 일기장을 들추어 보며 업무를 배우는 신입 사원

특수제품 사업부는 개발된 상품에 관한 지식과 정보를 CoP를 통해 생산, 마케팅, 연구개발, 사업기획 등의 모든 관련 조직이 함께 공유한다. 사업부에 갓 입사한 신입 사원은 일기장처럼 잘 정리된 지식 체계를 통해 업무 습득에 필요한 시간과 노력을 줄이고, 선배들의 기억에 의해 검증되고 정제된 지식과 정보를 얻을 수 있었다.

'I LOVE ASPHALT'라는 문구와 함께 의인화된 자동차 그림이 담긴 손바닥만한 크기의 동그란 스티커가 여기저기 눈에 띄는 곳, 바로 특수제품사업부이다. 입사 2년차인 팀의 막내 이재용 씨는 오늘도 자신의 K-Point를 확인하는 재미에 푹 빠져있다. 처음에는 점수가 너무 짜지 않나 생각했었지만, 자신도 모르는 동안 누적된 포인트는 이제 언뜻 보아도 꽤 되는 듯하다. 그러고 보니 그 동안 그가 CoP에 등록한 지식 건수만 해도 세기 힘들 정도가 되었다.

업무 및 의사 소통 창으로서의 역할

KM, 그중에서도 CoP는 이제 특수제품사업부 팀원들에게 없어서는 안 될 중요한 소통의 창이 되었다. 단순한 의사 소통 수단은 물론이고 거의 모든 업무를 아스팔트 CoP를 통해 처리하고 있기 때문이다.

재용 씨가 처음 아스팔트 CoP를 알게 된 것은 입사 초기에 팀장과 팀원들이 이를 사용해 업무를 진행하는 것을 보면서부터였다. 사실 처음에는 CoP가 어떤 의미를 갖는지, 어떤 이유에서 효율적이라고 하는지 잘 알 수 없었다. 그저 팀장님이 열성적으로 사용을 권유해 '뭔지는 잘 모르겠지만 좋긴 좋은 건가 보구나.' 하고 막연히 생각했을 뿐이었다. 그러나 점차 시간이 지나면서 누가 시키지 않아도 스스로 CoP를 찾는 횟수가 늘어나게 되었고, 이를 통해 여러 가지 정보를 얻거나 도움을 받을 수 있었다. 그리고 이제는 재용 씨 자신도 자료를 올리는 데 주력하게 된 것이다.

무엇보다 좋았던 것은 입사한 지 얼마 되지 않아 잘 모르던 부분을 CoP에 올려진 자료를 통해 알 수 있었던 점이었다. 천천히 예전의 목록들을 살펴보니 기대 이상으로 쓸 만한 자료들이 많았다.

"실제로 CoP에 올려져 있던 자료들 덕을 본 적이 많아요. 아직 입사한 지 얼마 되지 않아 모르는 부분도 많거든요. 그럴 때 CoP에 들어가 보면 생각지도 못했던 부분에서 정보를 많이 얻을 수 있었어요. 특히 과거에 선배들이 했던 일들을 바로 살펴볼 수 있어서 더 자주 찾게 돼요."

이렇듯 CoP에는 신입 사원이나 업무를 잘 모르는 사람들에게 일일이 설명해 줄 필요 없이 업무에 필요한 정보들이 축적되어 있어 부지런히 손가락 품만 판다면 얼마든지 유용한 자료를 얻을 수 있다. 물론 그것이 전부가 아니었다. 아스팔트 CoP가 갖는 장점은 실로 다양했다.

사내 최초의 CoP 개설로 얻은 성과

몇 해 전, 특수제품사업부에서는 고성능 아스팔트인 '슈퍼팔트[5]'의 개발을 시작했다. 그때만 해도 사업 지식과 경험이 많이 부족했던 것이 사실이었다. 매우 보수적이며 폐쇄적인 성향의 토목업계 관행이나 요구 사항 등 모든 지식과 업무 처리 절차가 새로운 경험이었던 아스팔트 사업부에게 외부 활동을 통해 접하는 모든 업무 처리 과정과 지식·정보의 공유는 새로운 사업을 위해 반드시 필요한 열쇠였다.

이러한 상황에서 CoP는 팀 업무를 가능하게 해주는 생명수와 같은 역할을 하였다. 전사 KM 사무국 기능을 수행하고 있는 KM 추진팀의 협조를 얻어 실질적으로 사내 최초의 CoP를 개설한 이후, 현재의 팀원들뿐만 아니라 과거에 근무했던 OB멤버들까지 많은 유경험자의 기술과 지식을 참조할 수 있게 되었던 것이다. 그리고 약 2년이 지난 지금은 참여 부서나 인원이 매우 다양해지고 그 수도 늘어나 보다 효과적으로 업무를 수행할 수 있는 기반을 구축하게 되었다.

우선 사용과 추후 개선

특수제품사업부는 팀원들이 CoP의 활용 과정에서 불편하게 느꼈던 점들을 기억해 두었다가 KM 추진팀과의 의견 조정을 거쳐 사업

---

5) 슈퍼팔트: PMA(Polymer Modified Asphalt), 즉 고분자를 이용하여 기존의 아스팔트 제품의 성능을 개선시킨 고기능성의 신제품명.

특성에 맞도록 시스템 개선을 요청하는 열정을 보이기도 했다. 적극적인 '우선 사용'과 '추후 개선'이라는 다소 시행착오적 과정은 구성원들에게 최적화된 KM 시스템을 만드는 데 큰 도움을 주었다. 이렇듯 지속적인 개선을 통해 구성원들의 의견을 적극 반영한 KM 시스템을 만드는 한편, 사업부장 스스로 KM을 사용해 업무를 처리함으로써 CoP를 통하지 않고서는 구성원들의 일상 업무 수행이 불편할 정도가 되었으니, 이는 특수제품사업부가 얼마나 열심히 CoP를 활용했는가를 보여 주는 증거라 할 수 있다.

핵심지식을 분류하자

팀원들은 핵심적인 지식과 경험 축적을 위해 분류 체계를 수립하고, 이를 체계적으로 관리하기 위한 Library를 운영하였다. 이에 따라 구성원들이 CoP에 지식을 올리는 경우 우선적으로 Library를 통해 지식의 분류와 관리가 이루어지게 되었고, 이 Library는 지식 관리 차원에서 전사의 K-Base로 가는 전 단계가 되었다. 이러한 체계적인 관리는 구성원들로 하여금 사업부의 핵심지식이 무엇인지 명확하게 인식할 수 있도록 도왔고, 결과적으로 볼 때 핵심적인 지식 관리가 체계적으로 이루어질 수 있는 계기가 되었던 것이다. 또한 이를 통해 축적되어 있는 지식을 보다 많은 사람들이 편리하게 활용할 수 있도록 함으로써 전사 KM 시스템의 성공적인 운영에 일조하게 되었다.

슈퍼팔트 사업 뒤에는 CoP가 있었다

신규 사업인 슈퍼팔트의 정착에 있어서 CoP는 MPR의 각 구성원들이 함께 협력해서 마치 한 팀처럼 움직일 수 있게 함으로써 비록 지리적으로는 떨어져 있으나 통합된 힘을 발휘할 수 있게 만들어 주었다. 또한 원활한 커뮤니케이션을 통해 보다 신속하고 정확하게 업무를 처리할 수 있게 된 것은 당연한 결과였다. 덕분에 슈퍼팔트는 신규 사업임에도 불구하고 빠르게 성장하여 무사히 정착할 수 있었다.

"업무의 특성상 다른 부서와 공유해야 할 부분이 상당히 많은 게 사실입니다. 그런 상황에서 전화나 메일로 주고받는 방식은 어느 정도 한계가 있을 수밖에 없죠. 그러한 점에서 이 CoP가 톡톡히 한몫 하고 있어요. 시간과 공간의 제약을 사라지게 해 업무를 거시적이고 효율적으로 처리할 수 있게 만들었죠. CoP가 업무에 활용된 이후부터 출장이나 외부 미팅이 줄어든 것이 그런 사실을 방증한다고 봐야죠."

시 · 공간의 제약 없이 언제, 어느 곳에서나 여러 명의 커뮤니케이션이 가능하다는 CoP의 장점으로 인해 상하 간, 팀 간의 의사 전달이 원활히 이루어지고, 구성원 개개인이 그 효과를 체험하게 되었다. 이에 따라 자발적인 활용도도 증가하여 오프라인에서 이루어지던 업무가 상당 부분 온라인상에서 이루어지게 되었다. 이러한 이유 때문에 CoP는 '익숙'한 차원을 넘어 '필수적'인 것으로 인식될 수 있었던 것이다. 또한 CoP를 통해 고객과 시장에 대한 발 빠른 대응도 가능해졌다.

"예를 들면 이런 경우죠. 저희가 하는 일이 아스팔트에 관련된 것이다 보니 실제 공사에 도입되는 시점을 정확히 알기는 어려운 면이 있거든요. 어떤 공사의 시작과 기한이 정해지면 아스팔트는 거의 완공이 가까워서야 투입되는 식이에요. 그 시기를 알고 있으면 일을 하는 데 많은 도움이 되는데, 그런 정보도 이 CoP를 통해서 들어오기도 해요. 축적된 정보를 통해 그 시기를 짐작할 수도 있구요. 그런 면에서 CoP가 상당히 유용하게 쓰인다고 할 수 있죠."

팀원들의 동기 유발과 KM 시스템 개선에의 참여

새로운 변화에 대한 부담이나 반발이 전혀 없었던 것은 아니었다. 처음에 구성원들은 이 KM 시스템의 사용을 업무의 중복으로 인식하여 거부감을 표명하기도 했으며, 초기에는 KM에 대한 개념이 부족하여 CoP에 적합하지 않은 자료를 필요 이상으로 등록함으로써 서버 부하를 초래하는 등의 진통을 겪기도 했다. 그러나 시간이 지남에 따라 이러한 일들은 자연히 감소되어 갔다.

'KM 활동은 유익하다'라는 말만으로는 구성원들의 자발적인 참여를 끌어낼 수 없다. KM 활동이 정말 필요하다는 것과, 이를 이용하면 실제로 업무에 도움이 된다는 것을 직접 느끼게 할 수 있도록 동기를 유발시켜야 한다. 또한 단순히 주어진 시스템에 적응하는 것보다 사용을 하면서 필요한 사항이 있으면 수정을 요청하여 이를 개선해 나가는 단계를 밟아 가는 것이 중요하다.

양과 질의 조화가 이루어져야 한다

KM 시스템상에 무조건 자료를 많이 올린다고 좋은 것은 아니다.

구성원들의 KM 활동이 단순히 양적 측면에서의 활동이 되지 않도록 질적인 측면의 강조가 지속적으로 이루어져야 한다. KM 구축 초기에는 단순히 많은 양의 지식을 올리고 이를 공유하는 것만이 중요하다고 생각하여 질적인 측면을 간과해 버리기 쉬운데, 이러한 경향은 진정한 KM 활동이라 볼 수 없다. 이러한 현상이 계속되면 무의미한 지식의 축적으로 인해 정작 중요한 KM 활동이 방해받는 역효과를 가져올 수 있기 때문이다. 따라서 구성원들이 KM 활동에 어느 정도 익숙해진 다음에는 양뿐만 아니라 질적인 측면도 강조하여 필요 없는 단순한 정보는 과감히 삭제할 줄 아는 결단력도 필요함을 잊지 말아야 할 것이다.

Can Meeting을 통한 중간 점검이 필요하다

가끔은 KM 시스템 점검을 위해 Can Meeting을 통해 KM 문제에 대해 다 함께 고민해 보는 시간도 필요하다. 또한 KC와 같은 중간층이 KM 활동에 대해 수시로 구성원들에게 자극을 주어 KM 시스템 사용을 촉진시켜야 함도 빼놓을 수 없는 요건이다.

KM은 전문가를 양성하는 시스템이다

CoP를 통해 지식은 한 곳에 집약되고, 이를 공유함으로써 구성원들은 보다 많은 지식을 습득할 수 있게 되었다. 이로써 이들에게 미치는 학습 효과가 크게 높아졌으며, 개인의 역량이 질적·양적으로 모두 신장되는 효과를 얻을 수 있었다.

아스팔트 제품의 생산 및 판매 회사로서 업계와 제품에 대한 지식이 전무했던 상황에서 구성원들은 CoP를 통해 전문가로 성장할 수 있게 되었다. 이러한 전문가들의 활동은 슈퍼팔트라는 신제품이 성공적으로 시장에 진입하는 데 크게 기여했으며, 도로포장업계의 기술 수준을 높여 회사의 이미지를 향상시키는 데에도 기여하였다.

2 KM을 활용한 최적 운영 시스템

운영최적화팀

Look Back System, 과거의 의사결정 되돌아보기

앞에 닥친 급한 업무에 중점을 두다 보니 과거의 의사 결정이 현재에 어떤 영향을 미치고 있는지, 과연 합리적인 것인지 되돌아볼 기회가 부족했다. 그러나 되돌아보지 않으면 잘못된 의사 결정은 반복될 수밖에 없으며, 근본적인 개선 역시 이루어질 수 없다. Look Back은 이처럼 나중에 같은 실수가 반복되지 않도록 항상 과거의 의사 결정을 되돌아보고 분석하는 것이다. 뿐만 아니라 이것을 체계적으로 정리하여 지식의 공유에까지 이르러야 한다. 'Learning From Failure'는 가장 소중하고 절실한 배움인 것이다.

KM을 활용, 효과적으로 OPI[6]를 추진하여 2002년도 SK 주식회사의 Best KM 사례 최우수상을 받은 바 있는 운영최적화팀. 이라크 전쟁이 발발했을 때는 특별대책반 운영을 통한 치밀한 준비로 전쟁 여파로 인한 손실을 최소화함으로써 지금은 타 부서뿐만 아니라 경영층에게도 인정받는 석유사업의 정예군으로서 자리매김하고 있다.

---

6) OPI(Optimization Process Improvement): 석유 사업을 운영하는 단계인 원유 선정에서 제품 생산, 판매 단계에 이르기까지의 Value Chain 전체를 최적화하기 위해 관련 조직의 모든 구성원이 지속적으로 운영 효율을 개선하고 실현 이익을 극대화하고자 하는 경영 활동.

하지만 이들도 처음부터 순조롭기만 했던 것은 아니었다. 지금의 자리에 이르기까지 팀 구성원들이 겪었던 어려움과 노력이 있었기에 가능한 일이었다.

석유 사업은 SK 주식회사에서 가장 핵심적인 위치를 차지하고 있는 중요한 사업 분야이다. 그러나 최근 들어 석유사업 자율화와 가격 경쟁 등 외부적인 요인들은 타 회사와의 차별화를 염두에 두지 않을 수 없게 했다. 보다 합리적이고 체계화된 사업 운영 방법이 시급했던 것이다.

정유 회사는 원유 구매, 생산, 판매에 이르는 업무들이 따로따로 구분되는 것이 아니라 연결된 고리처럼 서로 밀접한 연관을 가지고 있다. 어느 한 부분에서 이루어지는 의사 결정이 전체에 영향을 주게 되는 것이다.

운영최적화팀은 이처럼 원유 선정에서 제품 판매 단계까지, 석유 사업 Value Chain 전체가 최적화될 수 있도록 각각의 업무를 수행하는 팀들의 상호 연계성과 대내외 제약 요건 등을 고려한 통합 운영 계획을 수립하는 일을 맡고 있다. 그리고 이러한 일들이 계획대로 실행될 수 있도록 내부와 외부의 자원을 효율적으로 배분하고 조정하는 역할도 수행하고 있다.

그러나 Value Chain의 최적화는 말처럼 쉬운 일이 아니었다. 업무마다 타부서와 좌우로 연계되는 부분이 분명 있지만 자신이 맡은 분야를 우선으로 여기고 거기에 전적으로 매진하는 것이 당연하기 때문이다. 이렇게 하면 Local Optimization, 즉 부분 최적화라는 측면에서 볼 때 단기적 성과를 얻을 수도 있다. 하지만 이것이야말로 한 치 앞만을 바라보는 격이다. 예를 들어, 생산 라인에서 필요로 하는 정보가 구매 단계에 도움을 줄 수도 있고, 판매 과정에서 획득한 노하우(Know-How)가 생산에 반영될 수도 있다. 거시적이고 장기적인 안목으로 전체 Value Chain의 원활한 의사 소통과 정보와 지식의 공유가 이루어지도록 함으로써 상상 외의 시너지 효과를 창출할 수 있다.

운영의 최적화를 위해서는 무엇보다도 석유사업의 Value Chain별로 의사결정에 필요한 정보와 지식을 통합하는 효과적인 시스템이 급선무였다. 이것이 바로 SK 주식회사의 운영최적화팀이 풀어야 할 과제였다.

의사 소통이 이루어지는 정보 창고

운영최적화팀은 개별 단위에서 그치는 것이 아니라 하나가 전체로, 전체가 하나로 통합될 수 있는 OPI(Optimization Process Improvement) 업무 영역에 주력하기 시작했다. 그러나 3명의 소수 인력으로 구성된 테스크 포스팀에게 OPI 과제란 시작부터 쉽지 않은 일이었다. 우선 이 소수 인력이 구매에서부터 생산, 수급과 물류, 판매까지 석유 사업 전 영역에 이르는 업무 경험이나 필요 지식을 충분히 보유하는 것부터가 무리였다. 때문에 각 조직을 효과적으로 통합하기 위한 개선 과제 도출과 함께 스스로의 업무 역량을 증진하기 위한 팀원들의 노력도 수반되어야 했다. 이를 위해서는 미경험 업무에 대한 학습 과제 도출 및 해결에 필요한 정보와 지식에 용이하게 접근하고 확보할 수 있도록 하는 지식 창고를 마련하는 일이 시급했다.

생산 라인부터 관리, 판매 등의 각 영역마다 일의 형태나 구성원들이 천차만별이어서 조직 간의 이해가 상충할 가능성도 높았다. 또한 저마다의 영역에 대한 이익과 편리가 우선시되는 것도 사실이었다. 이에 MPR/S 간의 원활하고 신속한 커뮤니케이션이 가장 중요한 쟁점으로 떠올랐다. 서로가 하나이며, 같은 길을 함께 가고 있다는 공감대를 형성하기 위한 통합 Workplace 마련이 절실했던 것이다.

지식경영의 관건은 커뮤니케이션

OPI 테스크 포스팀은 시작할 때부터 원활한 커뮤니케이션을 위해 OPI CoP를 오픈했고 우선 CoP 내 지식 Library를 업무 내용별로 분류했다. 또한, 프로젝트가 종료되는 시점에는 만 3년 동안의 OPI 과제 추진 경과와 문제 해결 과정, 방법, 성공 체험 등의 실제 사례를 중심으로 하고, 그 과정에서 추출한 산출물을 분류 체계에 따라 등재했다.

이를 통해 구성원들 간의 의사 소통이 활발하게 이루어질 수 있었고 서로가 맞물리는 지점들을 발견해 내는 장으로서의 역할도 톡톡히 수행해 냈다. 이전에는 적절하게 쓰여 왔던 지식일지라도 환경의 변화에 따라 바꾸어 주어야 한다는 것이 OPI CoP의 원칙이었다. 이처럼 필요 지식을 반복적으로 재정의함과 동시에 사례 중심으로 모아 두어 이후 활용하는 구성원들에게 도움이 될 수 있도록 했다.

이렇게 축적된 자료를 토대로 구매, 생산, 수급 · 물류 · 기획, 판매 전반에 걸친 석유 사업 운영 최적화인 CPR(Core Process Redesign)을 추진하였다.

OPI 테스크 포스팀은 여기에서 그치지 않고 팀장끼리의 Can

Meeting과 OPI 테스크 포스팀 워크숍을 실시하였다. 이를 통해 구축된 서유 사업 운영 최적화 절차와 더불어 실질적인 체계 이행 및 성과 도출을 위해 만들어진 자료를 활용하여 사업 단위의 운영 최적화 관리 지표를 개발하고 관리 체계를 정립했다.

하나의 Package로 만들자

이러한 과정 중에 Solution Pack으로 정리하면 좀더 체계적이고 활용도가 높아지지 않을까 하는 생각을 하게 되었다. 그 동안 축적된 관련 지식과 활동 결과를 활용한다면 Package를 만드는 일은 그리 어려울 것 같지 않았다. 그 동안 필요 지식을 반복적으로 재정의하고 분류 체계를 재분류해 온 성과였다.

Solution Pack을 만들기에 앞서 이를 활용하는 구성원이 필요로 하는 모든 지식이 담겨질 수 있도록 하기 위해 우선 육하원칙(5W 1H)을 모두 충족시키는 것을 기본 방침으로 정했다. 특히 '누구나', '언제든지' 지식을 구할 수 있는 Package 개발을 위해 노력했다. 이를 위해 활발한 CoP 활동이 이루어졌으며, KM에 통달한 OPI 테스크 포스팀의 모습을 갖출 수 있었다.

KM은 수단이다

OPI 과제 추진과 동시에 Solution Pack을 개발한 후 가시적인 성과들이 나타나기 시작해 경영 성과를 높일 수 있었다. 2002년에는 과거의 운영 이력을 분석하여 정제 마진 변동에 대응한 운영 리스크를 관리하고 처리 제약 원유의 도입을 확대한 결과 원유 처리량의 최적 대비 실적 편차를 감소시켰으며, 이를 통해 수익 구조를 개선하는 성과를 얻을 수 있었다. '지식경영은 수단일 뿐, 목적은 회사의 기업 가치를 높이는 데 있다'는 빌 게이츠의 말처럼 지식경영의 효율적인 활용을 통해 기업의 이윤을 높이고 가치를 추구하는 최종 목적에 도달할 수 있었던 것이다.

노력 없이 이루어지는 성과는 없다

OPI 테스크 포스팀의 KM 추진에 주도적인 역할을 해 온 최남규 부장은 이제 다른 부서의 '머슴'이 되어 버린 것 같다고 즐거운 비명을 지른다. 그 정도로 쉴 새 없이 상의를 요청해 온다는 것이다.

"나서서 이런 일을 주관하다 보면 욕을 먹는 게 예사죠. 우리 회사 전체 팀에 부탁해야 하는 샘플을 만들어서 이렇게 만들어 달라 요구해야 하는데, 그 설득 과정이 힘들어요. 비슷한 게 이전에도 있지 않았느냐, 그때도 효과가 없었는데 뭐 하러 쓸데없는 짓을 하느냐, 형식적인 것에 불과한 것 아니냐는 반응들이죠. 심지어는 네가 뭔데 우리 걸 알려고 하느냐는 노골적인 반응도 있었으니까요."

사실 이전에도 OPI와 비슷한 것이 있긴 했다. 하지만 이전에는 전체를 엮은 것이 아니라 필요할 때마다 부분적으로 만들고 사라지는 형태였기 때문에 애초에 큰 효과를 기대할 수 없었다. 하지만 이번에 만들어진 OPI Solution Pack은 지식에 대한 접근이 용이할 뿐더러 석유 사업과 관련된 모든 것을 한눈에 볼 수 있다는 점에서 근본적인 차이가 있었다. 조직 간에 어떤 영향을 주는지, 또 어느 조직에서 어떤 특정 정보가 필요한지를 도식화한 이런 체계도는 타 기업이나 외국에서도 전무후무하다. 이렇게 만들어진 **OPI CPR**은 Mckinsey 컨설팅사로부터 무척 훌륭하다는 평가를 받기도 했다.

"자료 정리라는 게 처음에는 귀찮지만 이렇게 **K-Base**가 만들어진 후에는 얼마나 편한지 모릅니다. 어떤 자료를 검토해야 할 때, 이전 같으면 서류를 뒤지거나 그 정보가 어디에 있는지, 누가 알고 있는지 찾아내야 하는 번거로운 절차가 필요했지요. 하지만 이제는 **Solution Pack** 하나면 만사 오케이입니다. 정리된 자료 어느 곳에 수록되어 있는지 간편하게 찾아낼 수 있으니까요. 필요한 자료를 따로 만들 필요 없이 정리된 자료를 그대로 갖다 쓸 수도 있구요. 업무 효율이 눈이 띄게 향상된 거죠."

내가 모르면 남이 해결해 줄 수도 있다

1990년대 초반까지만 해도 조직의 개념이 분화되어 있는 게 정상이었고, 한 사람에게 전적인 책임 부과가 되는 경우가 대부분이었다. 하지만 지금은 고도의 성장 가도를 달리던 그때의 상황과는 분명 다르다. 현대는 예측 불가능한 사회이다. 규모와 속도의 측면에서 볼 때 그야말로 매일 매일 강산이 변하는 셈이다. 이러한 시대에 혼자 판단하고 감지하여 대처하기란 결코 쉬운 일이 아니다. 전문가 의식도 중요하지만, 남의 의견을 적극적으로 수용할 줄도 알아야 한다. 내가 모르는 것을 남이 해결해 줄 수도 있다는 가능성까지 포용해야 하는 것이다.

코칭 페어 시스템

KM에서 가장 기본적인 것은 지식의 공유이다. 따라서 공유를 가능하게 하는 커뮤니케이션은 그 어떤 것보다 중요하다. 이에 OPI 테스크 포스팀은 프로젝트를 수행하면서 코칭 페어 시스템(Coaching Pair System)을 적극 활용했다. 즉, 두 사람씩 짝을 지워 업무를 수행하는 시스템이다. 한 사람이 휴가를 가면 다른 한 사람이 업무를 처리하도록 하는 것이다. 이 시스템을 통해 한 사람에게만 몰리는 업무의 분담도 줄었으며, 개인의 암묵지를 끌어내는 데에도 효과적인 방법이 될 수 있었다.

Look back의 생활화

OPI 테스크 포스팀은 문제점 도출에서부터 대안 제시, 문제 해결까지의 절차를 모두 수행해 냈다. 일어나지 않은 문제를 굳이 불거지도록 하는 일은 간단한 작업이 아니다. 게다가 Value Chain 전체를 다루다 보니 전문성에서 뒤지는 면도 있어 어렵고 고생스러운 일도 많았다. 지금 타 부서에서도 적극적으로 활용하고 있는 해결 사례들은 알고 보면 예전에는 사실 사람들이 지나가면서 흘린 말에 불과했다. OPI 테스크 포스팀은 그것을 깊숙이 파고들어 구체화시키며, 그 과정에서 자연스럽게 해결점을 찾아낸 것뿐이었다.

문제는 계속 되풀이되며 발생하는 측면이 있다. 되돌아보지 않으면 문제는 계속된다. 많은 변수를 가지고 있는 의사 결정 또한 계속적인 평가와 시정이 이루어져야 한다.

KM을 통해 많은 성과를 올린 운영최적화팀은 앞으로도 한 달에 한번씩 평가 과정을 거쳐 **Solution Pack**을 수정 · 보완하고 일의 효율을 높이기 위한 노력을 계속할 예정이다. 시대는 빠르게 변한다. 때문에 이전에는 원활히 시행되어 왔던 것도 다시 돌아보면서 운영 기준의 방법과 절차를 다시 검토하고 개선하는 과정을 게을리 하지 않을 것이다.

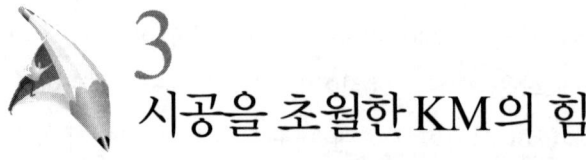

3
시공을 초월한 KM의 힘

직매팀

시장 환경에 맞는 지식의 활용과 조직의 벽을 넘는 협업

아무리 기술과 영업 노하우가 뛰어나도 이를 시장의 특성에 맞게 효과적으로 활용하지 못한다면 아무 쓸모가 없다. 시장의 요구를 적기에 잘 포착하고, 회사와 개인이 보유한 지식과 기술을 시장 환경에 맞게 적용해야 한다. 이에 직매팀은 새로운 제품의 출시를 위한 장기 프로젝트를 위해 Virtual Team 형태의 CoP를 운영하여 시공간의 초월은 물론 완고했던 조직 간의 벽을 넘어설 수 있었다.

SK 주식회사의 핵심 사업인 석유 사업은 일반인들이 생각하는 것 이상으로 규모도 크고 단계도 복잡하다. 원재료 조달에서부터 생산, 유통 및 판매에 이르는 다양한 경영 활동과 가치 경로 중에서도 석유 제품 판매 활동과 그 터전인 판매 시장은 마치 생명체가 살아 움직이는 것처럼 다이내믹한 변화가 수도 없이 일어나고 있는 곳이다.

석유 제품 판매 시장은 고객을 기준으로, 일반 소비자를 대상으로 하는 소매 시장과 일반 소비자 이외의 법인을 대상으로 하는 직매 시장으로 나눌 수 있다. 그리고 직매 시장의 성격을 가지고 있으나 일반 법인 고객으로 분류되지 않는 특수 고객인 미군을 대상으로 하는 미 군납 시장이 있다.

사실 국내분 미 군납 시장은 과거 초창기만 해도 그 규모가 상당했지만, 주한 미군의 유류 정책 변화와 파이프 라인 등 대량 운송 수단의 발달, 설비 및 장비 효율화 등의 환경 변화로 그 시장 규모가 점점 축소되고 있는 추세이다.

국내분 미 군납 시장은 석유 직매 시장의 관점에서 볼 때 상대적으로 규모가 작은 시장이기 때문이다. 그러나 품질 및 공급 절차에 대한 규격이 까다로운 탓에 시장 진입과 유지가 어려운 반면 판매량에 비해 높은 단위당 수익을 창출할 수 있는 고마진 시장이며, 계약 기간이 길어 장기 판매 안정성이 높은 매력적인 시장이라는 특성이 있다.

이렇듯 시장 확대는 어렵고 경쟁은 치열한 국내분 미 군납 시장에서 SK 주식회사가 기업의 이윤을 추구하는 방법은 기존의 통상적인 영업 방식이 아니라 회사가 가지고 있는 차별화된 기술과 영업 노하우를 가지고 신규 시장을 개척하는 방법뿐이라는 결론을 직매팀은 내렸고, 이에 틈새 시장을 이용하는 방법을 고민하기 시작했다.

틈새 시장을 탐구하자

SK 주식회사는 이전부터 타사와 대비하여 절대 우위의 마진을 보장하는 전략 유종인 JP-5를 개발하여 국내 정유사에서는 유일하게 미군에 독점 공급하고 있었다. 그러나 이런 상황에서 '현재 팔고 있지 않은 유종을 개발해 JP-5처럼 높은 가격에 팔 수 있는 방법은 없을까' 하는 고민을 막연하게나마 가지고 있었다. 그렇게 된다면 미

군납 시장의 경쟁력도 우위를 점할 수 있게 될 것이었다.

그 고민은 결국 실천으로 옮겨졌다. 직매팀은 JP-5 공급을 통해 축적된 지식을 토대로 주한 미군 유류 담당자들로부터 주한 미군의 연료유 사용에 대한 구체적인 정보를 수집하기로 했다. 하지만 그들이 쉽게 입을 열 리 만무했다. 하지만 직매팀원들은 처음부터 쉬운 일은 없다는 생각으로 끈질기게 그들을 설득했고, 그 결과 고공 정찰기의 연료인 JP-TS가 충분한 사업성이 있다는 사실을 알아낼 수 있었다. 그리고 그 신규 유종에 사활을 걸고 모험을 해볼 만한 가치가 있다는 결론에 도달하기에 이르렀다.

신규 유종 JP-TS

JP-TS란 'Jet Propulsion Thermally Stable'의 약어로서, 미 공군 고공 정찰기의 연료로 사용되는 유종이다. 이것은 고온에서의 안정성이 좋고 저온에서도 얼지 않아야 하는 특수 항공유인데, 이 유종의 공급 자격을 얻기 위해서는 미군이 자체적으로 실시하는 1년 이상의 저장 안정성 시험을 통과해야만 했다.

개발에 앞서 각 구성원들이 지리적인 어려움을 극복하고 그들이 내놓은 다량의 의견과 지식의 원활한 커뮤니케이션, 생성된 지식의 신속한 전달이 가능하도록 시스템화하는 일이 우선되어야 했다. 이에 MPR(Marketing, Production, R&D)이 모두 함께 참여할 수 있는 '미 군납 JP-TS 생산공급추진'이라는 이름의 CoP를 개설하며 신규 유종 개발을 시작했다.

나침판 역할로서의 Project Room

초기의 MPR 조직들은 각자의 업무에 대해서 다들 피상적으로만 알고 있을 뿐이었다. 처음 영업 쪽에서 발의되어 시작된 프로젝트였지만, 생산 부문이나 연구소의 검증과 의견 교환이 이루어지지 않고서는 감을 잡기 어려운 노릇이었다.

이러한 필요에 의해 만들어진 '미군납 JP-TS 생산공급추진 CoP'에서는 MPR이 각자의 역할을 나누어 공장 설비 투자 계획, 생산 계획 등을 조사하기 시작했다. 연구소에서는 과연 제대로 만들어 낼 수 있는지를 판단하기 위해 우선 시제품을 생산하고 기술을 검토했다. 생산 쪽에서도 JP-TS의 생산이 실제로 가능한지의 여부를 검토했다. 그리하여 1999년 8월에 시작된 프로젝트는 2002년 7월 드디어 공급에 성공한 약 4년간에 걸친 장기 프로젝트였다.

이 같은 성취를 이루어 낼 수 있었던 것은 이면에 CoP의 활용이 있었고, 더 크게는 지식경영이라는 경영 도구가 있었기에 가능했다. 혼자서는 이루어 낼 수 없는 일이었지만, CoP가 그 흐름을 짚어 주고 방향을 제시해 주는 역할을 해주었다. JP-TS라는 신규 유종을 만들기까지 구성원들은 CoP를 통해 MPR 상호간의 의견 교환을 통한 새로운 Mission의 도출과 그 Mission에 도달하는 과정까지를 원활하게 이끌어 나갈 수 있었던 것이다.

CoP의 효율적 활용 사례

JP-TS를 개발하고 공급을 추진하기 위한 1차 샘플 테스트에서 문제가 발생했다. 이에 CoP를 활용하여 MPR 간에 의견을 교환하고 그 원인을 파악해 내기 위해 노력하면서, 한편으로 2000년 2차 샘플 테스트 시에는 더욱 만전을 기하기 위해 미공군의 기술 전문가를 회사에 초청하여 공동으로 테스트를 실시하자는 의견이 나왔다. 이에 미 공군 인력이 대덕기술원과 울산 Complex를 방문하여 2002년 7월에 마침내 시제품을 출하할 수 있게 되었다. 이처럼 CoP를 적극 활용하여 노력한 결과 국내 미 군납 한계 시장에서 투자에 비하여 큰 규모의 추가 이윤을 만들어 낼 수 있었다.

지식이란 공유하는 것에서부터 창출된다

CoP를 모범적으로 활용하여 틈새 시장을 개척한 직매팀이지만 팀원 모두 처음부터 적극 참여하였던 것은 아니었다. 전화나 말로 하면 편할 것을 굳이 CoP에 등재할 필요가 있느냐는 식이었다. 한마디로 귀찮고 번거롭다는 것이었다. 일단 CoP에 올라가면 누구나 볼 수 있고 기록으로 남는다는 점을 꺼리는 분위기와 누군가 내 의견을 비판하지는 않을까 하는 우려 때문에 처음에는 CoP가 원활하게 움직이지 못했다.

직매팀의 박만규 과장은 초기의 이런 문제에 대해 이렇게 지적했다.

"본인은 쓸데없는 말이라고 생각해도 다른 사람 입장에서는 중요한 정보가 될 수 있는데 왜 그렇게 어려워하는지 모르겠어요. 지식이란 게 뭐 별건가요. 내가 모르던 것, 안 해봤던 것을 하면서 알아나가는 것이죠. 모르던 것도 서로 공유하면서 알게 되고, 정리가 되더라구요. 거기서 창출되는 것이 바로 지식 아니겠습니까?"

처음에는 강제성을 띠기도 했지만 그보다는 개개인이 필요성을 느끼는 게 중요했다. CoP를 통해 회의를 했고, 회의에 참석하지 못한 사람을 위해 그날의 회의 내용을 CoP에 등재하는 일을 게을리하지 않았다. 그러한 노력 덕분인지 팀 분위기는 점차 달라지기 시작했다. 어떤 정보든 한눈에 찾아볼 수 있고, 모니터링도 할 수 있으며, 잘 모르는 부분에 대해 질문도 할 수 있는 CoP의 효율을 스스로 체득하기 시작한 것이다.

사후 관리에서의 CoP 활용

미 군납은 절차를 중요시한다. 주문이 있어야 일을 진행할 수 있으며, 그 주문조차도 제한된 시간과 규정을 정확히 지켜야 한다. 따라서 이러한 주문에서부터 사후 관리까지 공급 전 과정에 있어서의 계약 조항에 대한 정확한 숙지가 필요하다. 현 담당자가 해당 지식이나 일을 진행해 나가면서 겪었던 문제점을 정리하여 등재한다면 그 다음에 그 일을 맡은 담당자는 같은 실수를 범하지 않을 것이다. 지식경영이란 이처럼 시간 절약이라는 면과 소중한 경험을 보존한다는 점에서 적극 활용할 만한 가치가 있는 것이다.

JP-TS 공급 계약 후에도 월 2회의 샘플 테스트를 계속해야 했다. 이 샘플은 추출 후 일본 오키나와로 보내야 하는데, 그 과정에 번거로운 절차가 많았다. JP-TS는 법적으로 위험물로 등재되어 미군이 지정한 규격품에 담아야 했기 때문이었다. 그 때문에 일반 여객기로는 운송할 수 없었으며, 위험물 취급자가 따로 관리해야 했다. 시간과 비용 면에서 상당히 비효율적이었다.

좋은 방법이 없을까 고민하던 직매팀은 CoP에 의견을 올렸다. 개발 당시처럼 MPR 간에 의견이 오간 결과 오산에 있는 주한 미군에게 수송기가 있지 않겠느냐는 아이디어가 나왔다. 누군가가 혹시나 하는 생각으로 올린 의견이 바로 문제 해결의 열쇠였다. 이렇게 해서 오산과 협의하여 오키나와로 가는 군 수송 스케줄에 맞추어 JP-TS 샘플을 수송할 수 있게 되었다. 시간과 비용 절약에 안전성까지 갖추게 된 쾌거였다.

KM의 성과는 어떻게 활용하느냐에 달려 있다

직매팀의 박만규 과장은 CoP를 활용한 효과에 대해 이렇게 말했다. "지식을 등재해 놓지 않으면 모니터링도 어렵고, 파일이 있더라도 누가 만든 것인지 불명확한 경우가 많습니다. 하지만 CoP가 있어서 자기가 원하는 시간, 원하는 장소에서 자료를 볼 수 있었고, 궁금한 부분은 질문을 올리면 바로 답을 받을 수 있으니 정말 시공을 초월하여 이루어 낸 성과였습니다."

그러나 CoP에만 그 공적을 돌릴 수는 없다. 팀의 프로젝트 성공 여부는 구성원들이 CoP를 얼마나 효율적으로 활용했는가 하는 부분과도 관련이 있기 때문이다.

이후 JP-TS 개발 당시의 구성원들이 제각기 흩어진 후에도 미 군납 CoP에는 사후 관리를 위해 그때그때 산출된 자료들이 계속해서 등재되고 있다. 실험이나 출하시의 규격이라든가 샘플에 대한 자료도 올리고, 엄격한 계약하에 언제 있을지 모르는 Claim에 대비하여 그 동안 쌓인 노하우를 전수하는 것이다. 새로운 담당자가 처음 업무를 인계받을 때 이런 절차를 몰라서 겪게 될 수 있는 곤란을 미연에 방지하기 위함이었다.

4년간의 개발 기간 동안 함께 애써 왔던 '미군납 JP-TS 생산공급 추진 CoP' 구성원들은 이제 CoP를 활용하는 데 도사가 다 되어 있었다. 직매팀은 그간의 경험을 바탕으로 차기 계획으로서 미사일 연료 개발 계획도 준비 중이다. 그들만의 경험의 축적에서 나온 자신감이 더욱 빛을 발할 것으로 기대된다.

SK의 도전 정신

지식경영의 눈부신 성과라 할 수 있는 JP-TS 유종 개발은 이제 타 정유사에서는 감히 손댈 엄두도 내지 못할 정도이다. SK 주식회사의 JP-TS가 워낙 독점적인 위치를 굳힌 데다가 새로 시작하기에는 시간도 너무 오래 걸릴 뿐더러 투자비도 만만치 않아 실패의 소지가 다분하기 때문이다.

이렇게 無에서 有를 창조하는 힘든 일을 해내고 난 후 돌이켜 보니, 경영층의 의사 결정이 새로운 사업에 진입하는 데 얼마나 중요하게 작용하는가를 알 수 있었다. 장담할 수 없는 게임이지만 믿고 맡긴 과감한 의사 결정이 오늘의 성과를 있게 한 것이다. 그리고 사업을 추진하면서 겪게 되는 크고 작은 좌절의 순간에 도전과 패기 정신을 불어넣어 준 경영층의 Support 또한 성공의 밑거름이 되었다.

또한, 추진 과정에 있어서의 MPR 간의 역할 분담과 지역적인 여건을 극복한 일체감 형성 역시 성공의 원동력이 되었다. 박 과장은

고 최종현 선대 회장님이 했던 말을 아직도 기억하고 있다.

"지식이 있으면 재물이 따라온다. 지식 없이 재물만 있다면 그 재물은 오히려 사람을 불행하게 만든다."

"끊임없는 도전과 패기의 정신으로 어려운 역경을 딛고 서서 세계 일류가 되어야 한다."

회사의 최고경영층에서부터 지식을 중시하는 Mind가 있었기에 결국 기업의 최고 목표인 이익의 극대화도 이루어 낼 수 있었던 것이다. 직매팀의 성과로 인해 대외적으로는 미 국방성연료조달청(DESC)에 SK 주식회사의 Operation 능력을 과시하며 회사의 이미지를 제고할 수 있었다. 또한 고마진 시장을 개척했다는 자부심과 특수 유종에 대한 자신감을 갖게 되었다. 이 모두가 그 뒤에 지식경영이라는 든든한 힘이 있었기에 가능한 것이었다.

4
무한 확대 공간으로서의 KM

Polymer 영업지원그룹

지식을 활용한 일처리 방식의 혁신

연구 개발과 생산, 판매 등의 세 가지 기능별로 구분된 조직 구조와 지리적인 위치로 인해 하나의 상품을 다루고 있어도 효과적인 의사 결정이나 문제 해결이 이루어지지 않는 경우가 많다. 이러한 한계를 극복하기 위해 세 조직이 공동으로 CoP를 구성하여 정보와 지식을 공유, 실질적인 성과를 거둔 사례이다. CoP를 통한 활발한 커뮤니케이션으로 서로를 보완하며 완전하게 만들어 가는 접근 방법은 매우 효과적이었으며, KM을 활용하여 관성화되어 있던 업무 방법을 개선시켜 수익을 창출할 수 있었다.

얼마 전 사내 KM 워크숍 때 우수 사례 발표를 한 바 있는 Polymer 영업지원그룹의 김소민호 과장은 주위로부터 KM을 이해하는 데 무척 유익한 발표였다는 평가를 받았다. 그러나 그는 업무 과정 중에 있었던 일을 전달했을 뿐이라며 겸손의 말을 내비쳤다. 중요한 건 바로 그것이다. Polymer 영업지원그룹에서 이루어진 KM은 업무에 녹아든 KM의 성공 사례로 삼을 만큼 가시적인 성과를 거두었던 것이다. 타의 모범이 될 만한 전례가 된 Polymer 영업지원그룹은 과연 어떤 식으로 KM을 활용했을까?

Polymer 제품을 개발·생산·판매하는 조직은 각각 대덕과 울산, 서울에 흩어져 있다. Polymer 영업지원그룹은 각 조직 간의 코디네이션을 원활히 하여 효율적이고 효과적인 조직 운영이 이루어질 수 있도록 조정하고 통제하는 역할을 담당하고 있다. 하나의 제품을 이루고 있음에도 지리적인 위치와 업무 성격 차이로 인해 코디네이션이 쉽지 않다는 한계를 안고 있었던 것이다. 하지만 조직의 벽을 허물 수 있는 효과적인 대안이 바로 KM이라는 것을 깨닫게 된 구성원들은 이를 효과적으로 운용하기 시작했다.

자료 정리는 KM의 일순위

SK 주식회사의 Polymer 사업은 오랫동안 적자 사업으로 머물러 있었다. 경쟁력 있는 가격도 아니었고, 흑자를 내기 위한 조직의 Mission이 마련된 것도 아니었다. 또한 PE/PP(폴리에틸렌/폴리프로필렌)는 보관이 쉽다는 이유로 재고가 많아도 괜찮다고 생각하는 것도 비효율적인 생산이 이루어지는 원인이었다. 따라서 생산 계획조차 그저 물량을 채우기 위한 허울에 지나지 않았다.

2002년 4월에 영업지원그룹이 새로 결성되면서 이 적자 규모만이라도 줄여 보자는 생각으로 관련 정보를 찾게 되었다. 그 결과 생산 계획을 최적화시키면 이익 극대화를 꾀할 수 있겠다는 생각에까지 이를 수 있었다.

이에 2002년 7월, 드디어 PSI(Planning, Scheduling, Inventory) TF CoP를 개설하기에 이르렀다. 즉, PSI CoP의 최종 목표는 생산 효율을 올려 재고를 최적화하고 내수 판매량을 극대화하는 데 있었다. 그리고 생산 계획과 판매 계획이 원활하게 이루어지기 위해서는 연구개발, 생산, 판매를 담당하는 모두의 힘이 필요하다는 결론에 도달할 수 있었다.

처음부터 KM을 잘하기 위한 것은 아니었다. 일을 처리하려다 보니 여러 가지로 문제점이 많았다. 판매 계획을 보내면 생산 계획으로 바로 처리되었다. 그 과정에 검증의 절차가 빠져 있었던 것이다.

검증의 필요성을 느끼게 되면서 우선 CoP 운영 방식을 개선하기 시작했다. 처음에는 단순 자료 정리에 지나지 않았다. 1995년부터 2001년 상반기까지의 판매 실적 자료와 생산 자료, 국내 유화사의 판매 자료를 정리했다. 그러면서 본격적으로 PSI CoP를 활용하게 되었다. 구성원들은 PSI CoP를 통해 정보를 공유하기 시작했고, 산발적으로 흩어져 있는 정보 선별 작업을 위해 사용하지 않고 있던 Library를 유용하게 활용하기도 했다.

시작이 반이었다. 지식을 공유하기 위해서는 우선 지식 저장소가 탄탄해야 했다. 구성원들은 개인에게 암묵지의 형태로 남아 있거나 산발적으로 흩어져 있던 자료를 적극 발굴하여 다시 정리하였으며 이를 통해서 쉽게 회람과 공유가 가능한 체계가 이루어졌다.

이렇게 자료 정리를 하던 중 번뜩이며 지나가는 생각이 있었다. MPR/S가 협력하여 이익을 창출하기 위한 방안을 만드는 데 CoP가 용이하겠다는 점이었다.

높이 나는 새가 멀리 본다
김소민호 과장은 그때부터 연구개발, 생산, 판매 간의 역할 분담

절차를 밟아 보자는 생각을 하기 시작했다. 생산량에 기초하여 제조원가를 맞추는 것이 주목적이었다.

"'갈매기의 꿈'이라는 소설이 있지요. 아주 오래 전에 읽어서 기억은 잘 나지 않지만 조나단이라는 갈매기가 비상의 꿈을 가지고 날기 위한 노력을 하는, 뭐 그런 내용이었던 것 같아요. 주위에서 뭐라고 하든 날기 위해 노력하고, 또 주변에서 협조도 얻고, 때로는 따돌림을 당하기도 하면서 부단히 애를 쓰는 그런 이야기였는데, 이 일을 추진하면서 그 소설이 생각나더라구요."

김 과장이 이 소설을 떠올린 데는 이유가 있었다. 이들을 바라보는 주변의 시선이 그리 곱지 않았던 것이다. 기존에 이런 일을 했던 팀이 하나도 없었는데 구태여 장황하게 일을 벌이려 한다며 귀찮아하는 사람들도 많았고, 이들의 Mission에 대해서도 신뢰하려 들지 않았다.

그러나 김 과장을 비롯한 구성원들은 쉽게 포기하지 않았다. 자료 정리가 끝난 후 우선 MPR/S/T(Marketing, Production, R&D/Staff/Top Management)의 체계적이고 효율적인 운영을 위해 Task Force Team을 구성했다. 그리고 정기적인 회합을 통해 Bottom에서 Top까지 전 MPR/S 구성원들이 쉽게 이해할 수 있는 운영체제를 만들기 위해 노력했다. 또한 10년 이상을 비효율적으로 운영되어 왔던 정보시스템을 새롭게 바꾸어 기존보다 30배 빠른 속도로 업무의 효율성을 높일 수 있게 했다.

운영체제의 재정비를 통해 계획 판매율을 개선하고, 생산 Sequence 의 융통성을 확보하는 일이 무엇보다 중요했다. 이것을 ERP와 연결하여 산출했지만, 결과는 시행착오의 반복이었다. 하지만 좌절하기에는 일렀다. 사업의 스텝인 영업지원그룹의 구성원이 해결할 수 없는 문제도 연구개발, 생산, 판매에서는 다룰 수 있으리란 생각이 들었던 것이다. 혹시나 했던 것이 적중했다. CoP에 올린 문제를 본 어떤 연구원이 3개월 평균치를 넣어 산출해 보자는 의견을 올린 것이다. 알고 나면 별것 아닌 정보이지만, 그 상황에서는 획기적인 아이디어였다. 이렇게 개선된 문제는 다름 아닌 MPR의 협업, 즉 KM의 효율적인 활용이 이루어 낸 성과가 아닐 수 없었다.

이렇듯 모두가 하나 되어 노력한 결과 드디어 혁혁한 공을 세우기에 이르렀다. 수익성을 개선하여 연간 수억 원의 공헌 이익을 창출해 낸 것이다. 오랫동안의 적자 상태를 생각하면 굉장한 역전 드라마가 아닐 수 없었다. 또한 CoP를 통해 개선된 성과는 KM에 대한 이미지 제고에도 큰 기여를 한 셈이었다.

정보는 KM을 통해 무한히 확대된다

실패 사례를 창조적으로 활용하면 성공에 이르는 길을 앞당길 수 있다. 그러나 자신의 치부를 드러낸다는 것은 솔직히 누구나 꺼리는 일이다. 오류를 줄이기 위해 자료를 수집하려 해도 그러한 생각들로 인해 어려움이 많았다. 이 때문에 PSI TFT라는 특별 프로젝트를 결성하여 사업부장에게 승인을 받은 후에야 비로소 자료 수집이 용이해지기도 했다. 그러나 KM의 이로움은 무엇보다도 스스로 체득하는 것이 가장 바람직하다.

KM에 대한 인식 차원이 낮은 단계에서는 KM 시스템에 자료를 올리면 자신의 값어치가 떨어진다고 생각하는 사람이 의외로 많다. S라는 사원의 경우도 처음에는 그랬다. 하지만 그는 자료를 등재함으로써 결과적으로 더 효과를 얻을 수 있었다.

PSI 추진 과정에 참여했거나 혹은 지켜보았던 사람들의 KM에 대한 태도가 눈에 띄게 달라졌다. 그들은 이제 새로운 지식 창출에 주저함이 없다. 각자가 갖고 있는 정보를 조합하고 통합하는 데 CoP만큼 좋은 게 없다는 사실을 몸소 체득했고, 각자의 지식을 종합한 결과 예상을 뛰어넘는 엄청난 지식창조가 되었기 때문이다. Polymer 영업지원그룹의 성과로는 우선 이익 극대화를 가져왔다는 점을 들 수 있지만, 거시적인 안목으로 바라보았을 때 KM에 대한 거리감을 좁히는 데 일익을 담당했다는 점을 더 큰 성과로 들 수 있다.

어떤 자료든 검증의 과정은 CoP에서

김소민호 과장은 CoP의 가장 큰 문제란 주는 사람과 받는 사람의 불균형에 있다고 말한다. CoP에 지식을 등록하는 사람은 10명인데, 조회하는 사람은 2명이라는 것이다. 그러나 역설적이게도 이러한 CoP 역시 좋은 CoP에 속할 것이라고 말한다. 정제되지 않은 자료일지라도 그것을 올리기 위한 준비 과정에 큰 비중을 두는 것이다. 갈고 닦아서 정제된 것이 정답은 아니다. 어떤 자료든 검증의 과정은 CoP 내에서 이루어지는 것이 바람직하다. 처음에는 틀린 자료였더라도 CoP 내에서의 검증을 통해 올바른 해답을 찾게 되었을 때 자신의 역량을 확인할 수 있게 되는 것이다.

등록을 너무 어렵게 생각하는 건 정보와 자료를 혼동하기 때문이다. CoP는 검증된 정보가 아니라 자료를 올리는 곳으로서, 정보보다 오히려 파급 효과가 더 클 수 있음을 간과해서는 안 된다.

새로운 창출의 장으로 이어지는 KM

CoP의 효율적인 운영을 위해서는 팀장이나 KC, CoP 매니저의 역할이 중요하다. 이들이 스스로 나서서 지식을 등재하고, CoP에 올려진 자료를 검증해야 한다. 자신은 모아진 지적 자산을 관리하는 중요한 위치에 있다는 것을 잊지 말아야 한다.

김 과장은 KM의 숨은 힘을 체득한 사람으로서 느꼈던 아쉬움을 다음과 같이 피력했다.

"처음부터 KM을 하려고 했던 건 아니었지만, 결과적으로는 KM 덕분에 좋은 성과를 얻게 되었습니다. 좀 아쉬운 점이 있다면, KM을 통해 새로운 Knowledge를 창출해 낸 사람에 대한 회사 차원의 보상이 좀 부족한 게 아닌가 하는 점이라고 할까요. 회의를 준비할 때 한마디 말도 하지 않다가 회의가 시작되면 주도적으로 회의를 이끌어 나가는 사람이 있잖습니까."

적자 시장을 흑자로 돌린 신화 창조의 주역이었던 Polymer 영업지원그룹원들. PSI CoP 활동을 통해 적정 재고를 만든 이들이 4월 말부터는 물류 효율화 및 PSI 추진 CoP로 명칭을 바꾸어 새로 활동을 시작하였다. 새로운 Mission은 운송, 적정 재고, 용역 운영, 부재료비 절감 등을 위한 것으로서 기존의 CoP를 계승, 발전시켜 활용할 생각이라고 한다. KM은 한 번 쓰고 버리는 것이 아니라 그 자리에서 새로운 발전의 싹을 틔울 수 있는 것이다.

5
CoP를 통해 얻은 도전 정신

아로마틱트레이딩팀

작고 사소한 정보의 종합을 통한 신규 수익 창출

회사가 상품을 생산, 판매하는 기존의 사업 방식을 확장해서 외부로부터의 수입, 판매를 통해 고수익을 올릴 수 있는 트레이딩 사업에서 CoP를 통해 시장 정보를 종합하고, 그 정보를 정확한 시점과 가격을 결정하는 데 활용한 사례이다. 이처럼 작고 사소한 정보일지라도 하나의 채널로 종합하여 지식화할 때 새로운 수익을 창출할 수 있음을 보여 준다.

이번에 아로마틱트레이딩팀이 해결해야 할 문제는 그리 만만한 것이 아니었다. 아로마틱 사업은 화학 사업에서 매우 큰 비중을 차지하고 있지만, 일정한 사이클에 따라 적자와 흑자가 반복되고 있어 지금까지는 그 사이클에 맞추어 수동적으로 대처할 수밖에 없었다.

하지만 언제까지 그런 한계를 끌어안고서 '하루 이틀 일도 아니고, 어쩔 수 없지.' 라고 생각하며 팔짱만 끼고 있을 수는 없는 노릇이었다. 변화하는 경쟁 시대에는 융통성 없는 개인이나 기업은 살아남을 수 없음을 그들 자신이 누구보다도 더 잘 알고 있었기 때문이다.

이 문제에 대한 수차례의 회의 끝에 팀원들은 새로운 사업의 일환으로 기존의 제품을 직접 생산하여 판매하는 사업에 더하여 외부에서 제품을 수입하여 재판매하는 아로마틱트레이딩 사업을 하기로 결정했다. 아로마틱 제품은 소비도 많고 생산도 많아서 트레이딩이 많이 이루어지고 있고, 잘만 운영한다면 항상 흑자를 만들어 낼 수 있는 가장 능동적인 대안이기 때문이었다.

변화하는 환경에 대응한 판단

'물건을 싸게 사 와 비싼 값에 내다 판다.' 이것은 어떻게 보면 아주 간단한 일처럼 생각되기도 하지만, 말처럼 그리 쉬운 것은 아니었다. 모든 사람, 모든 기업이 돈 되는 일이라면 눈에 불을 켜고 있는데 물건을 사고파는 것만으로 이익이 남을 일을 그리 쉽게 찾을 수 있겠는가? 이제 가야 할 목적지는 대충 정해진 셈이지만, 그곳까지 과연 어떻게 갈 것인가 하는 더 골치 아픈 숙제를 풀어야 했다.

하지만 팀원들 각자가 맡고 있는 일들이 있어 많은 시간을 이 문제 해결에만 투자할 수는 없는 상황이었다. 하지만 사업의 미래가 걸린 중요한 일이니 없는 시간이라도 내야 하는 것은 당연한 일, 그들은 각자의 머릿속에 가지고 있던 생각들을 함께 차근차근 정리해 나가기 시작했다. 변화된 환경에 적응하지 못한다면 무한 경쟁에서 살아남을 수 없다는 공감대가 형성되어 있었다. 그 후로 그들은 시간 날 때마다 틈틈이 모여 아로마틱트레이딩 사업의 구체적인 방안에 대해 끊임없이 토론했다. 그런 과정에서 좀더 효율적인 운영을 위해서는 KM 시스템을 활용하는 것이 최선이라는 의견이 압도적으로 많아지기 시작했다.

KM은 최소의 시간으로 최대의 지식을 공유하는 것

초기에는 'KM'이라는 낯선 단어에 대한 거부감과 함께 업무가 가중된다는 불만도 없지 않았다.

그들에게 가장 시급한 것은 신속하고 정확한 시장 정보를 수집하여 트레이딩시 의사 결정에 활용하는 것이었다. 하지만 시시각각으로 변하는 정보를 본업인 트레이딩 업무를 제쳐 두고 하루 종일 찾아서 KM 시스템에 올릴 수도 없는 노릇이었다. 따라서 지식을 가진 소스를 파악하여 요청하지 않아도 자동으로 보내 줄 수 있는 시스템을 갖추는 것이 최선의 방법이었다. 그렇게 된다면 최소의 노력으로도 시시각각 변하는 시장 정보를 요약된 형태로 받아 볼 수 있기 때문이다. 부족한 정보는 거래처와의 회의나 통화를 통해 업데이트하거나 내부 또는 인터넷을 통해 얻으면 될 것 같았다.

이것이 바로 '나비효과'

아로마틱 제품들은 하나의 제조 과정에서 동시에 생산되기 때문에 시장에서의 연관성이 매우 높다. 따라서 한 제품의 가격이 곧바로 다른 제품의 가격에 직접적인 영향을 주게 된다. 이러한 특성 때문에 아로마틱트레이딩 사업을 성공적으로 수행하기 위해서는 각 제품 담당자가 가지고 있는 정보가 막힘없이 시의 적절하게 공유되어야 하며, 외국 상사 등을 통해 수집한 외부 정보를 신속하게 받아들여야 한다.

이러한 정보의 원활한 흐름을 위해 우선 CoP를 구성한 후 아로마틱트레이딩팀을 중심으로 국내영업팀, R&D 조직, 생산 공장의 관련 구성원들을 모두 CoP 멤버로 등록하고, KM 시스템을 활용하여 시간과 장소에 구애받지 않고 정보를 교환하고 토론하기로 했다. 이렇게 하여 약 20명의 멤버로 구성된 아로마틱트레이딩 CoP가 시작되었고, 채 1년도 지나지 않아 불편하게만 느껴졌던 KM 시스템을 체계적으로 팀 업무에 활용할 수 있었다. 이를 통하여 모든 사람이 한자리에 모이는 데 소요되는 시간과 비용을 절감하고, 무엇보다 정보 습득과 학습의 속도가 매우 빨라질 수 있었다. 여기저기 직접 발로 뛰는 데 필요한 시간이 절약되고, 출장비도 절감되었다. 최소의 노력으로 최대의 효과를 만들어 내는 마술이었다.

물론 이런 결과를 낳기까지 팀원들의 노력은 남달랐다. 지식과 정보를 언제든 누구나 편리하게 조회할 수 있도록 깔끔하게 정리해서 올려놓는 것은 기본이었고, 자신들의 귀중한 시간을 투자하는 데에도 주저하지 않았다. 가끔은 어떻게 하면 좀더 효과적으로 KM 시스템을 사용할 수 있는가에 대해 진지하게 토의하기도 했다. 이런 과정을 통해 팀워크도 훨씬 좋아졌다. 이제 각지에서 흘러 들어오는 정보들은 CoP 멤버들에게 실시간으로 전달되어 활용되었고, 분석된 자료들이 K-Base에 조금씩 쌓여 가기 시작했다. 구성원 모두 몰라보게 역량이 향상되어 가고 있었다. 중국 북경에 있는 나비의 날갯짓이 다음달 미국 뉴욕에서 폭풍을 발생시킬 수도 있다는 과학 이론 '나비효과'처럼 처음에는 감지조차 되지 않던 사소한 변화가 팀 전체에 영향을 주어 변화되고 있음을 실감할 수 있었다.

지식 기반 경영으로 업무의 습관을 바꾼다
이후 아로마틱트레이딩팀 구성원들은 모두 자발적으로 CoP를 활용하게 되었다. 개인이 얻은 지식을 CoP에 띄우면 모든 팀원들이 사전 학습을 하게 되어 의사 결정에 걸리는 시간을 절약할 수 있었고, 다양한 경로를 통해 시장 정보를 확보해 시장 변화에 적절하게 대응할 수 있었다. 이를 통해 KM 활동의 마일리지 제도인 K-Point가 주어지고, 일정 기간이 되면 이 K-Point를 OK Cashbag Point로 전환해 주어 짭짤한 부수입도 올릴 수 있었다.

이렇게 CoP가 아로마틱트레이딩팀의 업무 수행 기반으로 정착하게 되면서 아로마틱트레이딩 CoP의 활동도는 사내 1, 2위를 다툴 정도가 되었고, 다양하고 정확한 정보를 활용하여 경쟁사보다 정확한 의사 결정을 내림으로써 저가에 사서 고가에 팔 수 있었다.

이런 과정을 통해 아로마틱트레이딩팀은 지금까지 엄청난 이익을 남겼다. 이 모든 성과가 KM을 통해서 나온 것은 아니지만, 생활의 습관이 바뀌듯 업무의 습관이 바뀌어 이제 CoP 없이 업무를 처리한다는 것은 상상할 수도 없게 되었다. 아로마틱트레이딩팀은 정보와 지식을 축적하고 활용하면서 성과를 낼 수 있는 지식 기반 경영을 실천하는 팀이 된 것이다.

KM 시스템을 통한 신속한 정보 입수

아로마틱트레이딩팀의 성공에서 무엇보다 중요한 점은 트레이딩에서 가장 중요한 것이 다양한 정보의 신속한 입수 및 분석임을 정확하게 파악하였고, 이의 축적과 공유를 위해 가장 효과적인 방법인 CoP를 선택했다는 점이었다. 아로마틱 제품의 특성상 다른 화학제품과의 연관성이 높아 다양한 정보가 필요한 환경이었으며, SK는 아로마틱 제품 외에 다른 화학제품도 취급하고 있고 아로마틱 제품에 대해서도 트레이딩 외에 제품 개발, 생산, 국내영업팀들이 있기 때문에 사내 정보 교류가 활발해진다면 경쟁사보다 더 신속하고 정확하게 시장 정보를 수집할 수 있어 결국 경쟁에서 이길 수 있음을 정확하게 짚은 것이다. 게다가 외근이 많은 영업 조직의 특성상 담당자들이 모여 정보를 공유하는 것이 매우 어렵다는 환경을 직시하여 시간과 장소에 구애받지 않고 온라인상에서 가상의 조직처럼 활동하는 CoP를 활용하자고 결정한 것이었다.

CoP를 통하면 오프라인 모임도 효율화된다

또 다른 성공 요인으로는 정기적으로 이루어진 오프라인 회의를 들 수 있다. 온라인으로는 정보의 배경이나 느낌 등 세부적인 내용들은 공유하기 어렵다. 막힘없는 정보 공유를 위해서는 기계적인 공유보다는 팀원들 간의 친근감과 신뢰감이 중요하다는 걸 깨달은 아로마틱트레이딩팀은 우선 CoP를 통해 정보를 신속하게 공유함과 동시에 오프라인 회의도 개최하였다.

CoP를 활용한 온라인상의 정보 공유와 정기적인 오프라인 회의가 결합되어 나타난 가장 큰 효과는 의사 결정 속도가 눈에 띄게 빨라졌다는 점이었다. 우선 CoP에 정보를 게시하면 다른 구성원들이 미리 이를 파악하고 필요시 온라인에서 질의·응답을 통해 이해 수준을 많이 높인 후 오프라인 회의에 참여하게 되므로 일일이 다시 설명할 필요가 없어 핵심 사안을 중심으로 한 토의가 가능해져서 바로 의사 결정을 내릴 수 있게 된 것이다. 이러한 신속한 의사 결정을 통해 더 빨리 '저가 구매, 고가 판매' 능력이 향상될 수 있었다.

그뿐만 아니라 CoP에 축적된 지식들은 신입·전입 사원으로 하여금 아로마틱 사업에 대한 지식과 과거 사업 수행 이력 등을 한눈에 살펴볼 수 있게 함으로써 업무를 파악하는 속도를 크게 향상시켰고, 교육이나 출장 등으로 담당자가 자리를 비우더라도 다른 팀원들이 쉽게 대처할 수 있게 되었다.

KM이 가져다 준 성과들

KM을 통해 아로마틱트레이딩팀이 얻은 것은 한두 가지가 아니었다. 우선 유형적인 성과로, 실시간으로 다양한 정보를 공유하여 고객의 요구를 정확하게 파악하게 되어 다루는 제품을 확대할 수 있게 되었고 아로마틱 사업의 성장에 기여하였다. 또한 아로마틱 사업의 노하우가 총망라된 지식이 확보된 점도 빼놓을 수 없다.

또한 무형적인 성과로는, 각 팀원들 간의 커뮤니케이션이 활성화되어 CoP 멤버 간의 이해도와 신뢰도가 높아졌다는 점과 MPR/S/T 간의 신속한 의사 전달이 가능해진 점, 아로마틱트레이딩 CoP 활성화를 통해 각 구성원들의 자신감과 결속력이 제고된 점을 들 수 있다.

변화에 대한 적극성은 성공을 앞당긴다

아로마틱트레이딩팀의 박종수 부장은 이처럼 일의 추진에 있어서의 적극성이 성공의 열쇠임을 역설했다.

"우리가 KM을 통해 많은 성과를 얻을 수 있었던 것은 적극적으로 변화하고자 스스로 노력했기 때문이며, 이에 발맞추어 KM이 우리가 역량을 활용할 수 있도록 지원해 주었기 때문입니다. 무엇보다 중요한 건 사람이죠. 아무리 제도가 좋고 시스템이 좋아도 그것을 만들고 이해하는 건 바로 사람이니까요. 앞으로의 기업은 좋은 능력을 갖춘 훌륭한 인재가 필요합니다. 서로가 암묵적으로 가지고 있던 지식들을 교류하면서 질적으로 한 단계 발전된 SK Man이 된다면 KM이 제 역할을 톡톡히 해낸 거라 할 수 있겠죠."

요즘 아로마틱트레이딩팀원들에게는 욕심이 생겼다. 이제까지 축적된 노하우와 정보를 종합 정리, 일류 수준의 운영 방법을 만들어 이것을 Solution Pack화 해보겠다는 것이다. 이러한 팀원들의 패기와 도전 정신은 바로 CoP를 통한 성공 경험에서 나왔다고 할 것이다.

6
기업 비전이 개인의 비전이다

Cashbag 전략 · 지원팀

핵심지식의 체계적 관리

데이터를 분석하여 고객과 시장에 대한 정보를 만들고 이를 활용하여 마케팅을 수행하게 하는 DBM의 특성상 단편적으로 제작된 정보와 지식을 관리하는 과거의 방법에는 한계가 있었다. 이에 핵심지식을 정의하고 각 영역별로 담당자를 선정하여 등록과 검토 절차를 체계적으로 운영한 사례이다. 특히 다양한 사례와 정보를 효과적으로 관리하기 위해 핵심지식 Coding, Naming Rule 등을 활용한 것이 돋보인다.

지금 당신의 지갑을 열어 보라. 주민등록증, 운전면허증과 함께 신용카드 몇 장 정도는 소지하고 있을 것이다. 그 신용카드들을 자세히 살펴보면 'SK 엔크린 보너스 카드'와 빨간색 바탕의 'OK Cashbag' 마크가 선명하게 눈에 들어올 것이다. 주유소 및 여러 가맹점에서 적극적으로 사용하고 있는 사람은 물론이거니와, 잘 사용하지 않는 사람이라 해도 모두 알게 모르게 SK Cashbag 서비스의 혜택을 받고 있다. 이제 Cashbag은 소비하는 만큼 환원된다는 보너스의 형태로 우리 생활 속에 깊숙이 자리 잡게 되었으며, 오프라인에서 온라인과 모바일로 그 자리를 넓혀 가고 있는 추세이다.

Cashbag 포인트 서비스는 온라인, 오프라인, 모바일에서 사용이 가능한 통합 마일리지 서비스이다. 1999년 10월 Globalrized Innovative Marketing Company로의 전환을 선언하며 '엔크린 보너스 카드'가 처음 실용화되기 시작했는데, 이것이 바로 Cashbag의 전신인 셈이다.

Cashbag 전략·지원팀은 팀 이름 그대로 Cashbag의 사업 전략과 실행 계획 수립, 마케팅 지원을 위한 DBM[7)]/CRM[8)]의 운영과 세그먼트 마케팅 지원, 광고/프로모션 기획 및 실행, 온라인 시스템의 개발과 운영 등의 업무를 담당하는 팀이다. 이중에서도 DBM(Data Base Marketing) 그룹은 고객의 소비 활동에서 발생한 데이터를 분석하여 향후 마케팅 전략의 수립이나 시장 개발을 효과적으로 수행할 수 있도록 지원하는, 팀 내 없어서는 안 될 조직이기도 하다.

이들이 추진하는 Cashbag 사업은 현재 우리 나라에서 독보적인 위치를 차지하고 있다. 대규모의 투자가 필요한 사업인 데다가 SK 주식회사의 기반이 이미 확고해졌기 때문에 더 이상 다른 회사들이 진입할 엄두를 내지 못하는 것이다.

그러나 Cashbag 전략·지원팀이 이 사업을 시작할 당시에는 어려움도 많았다. 신규 사업으로서 정해진 비즈니스 모델이 없다는 상황에 그들의 마음은 허허벌판을 눈앞에 두고 있는 심정과도 비교될 수 있었다. 하지만 이러한 난관을 극복한 지금은 이제 그들 스스로가

---

7) DBM(Database Marketing): 고객에 대한 여러 가지 정보를 컴퓨터에 의해 데이터베이스화하고, 구축된 고객 데이터베이스를 전략적으로 활용하여 고객 개개인과의 접촉을 통해 직접적인 반응 또는 판매를 유도하거나, 장기적인 일대일 관계를 구축하고자 하는 마케팅 활동.

8) CRM(Customer Relationship Marketing): 개별 고객과 네트워크를 확인, 유지, 개발하는 통합적인 노력을 의미하며, 고객과 회사 쌍방에 대한 이익을 지속적으로 증진시키고 네트워크를 강화하여 상호 작용적인 부가가치를 장기적으로 창출하는 경영 활동을 말함. 또 다른 측면에서 보아 통합된 판매, 마케팅, 서비스 전략으로서 고객/현장 서비스, 판매 및 마케팅에 대한 자동화 필요성과 같은 고객 최접점의 요구를 모든 측면에서 파악하는 것임.

비즈니스 모델이 되었다. 이를 위해서도 KM의 방법론은 그들에게 있어 몸에 꼭 맞는 옷인 셈이었다.

Knowledge 관리가 중요하다

IT 기술이 발달하면서 네트워크의 역할과 영향력은 급속히 증대되었고, 그 동안 등한시해 왔던 고객이 알고 보니 흙 속에 숨은 진주였음을 깨닫게 되었다. 이제 고객 관리는 마케팅의 중요한 향방으로 떠오르고 있으며, 이로 인해 Data Base Marketing(DBM)의 중요성 역시 대두되고 있다. 그러나 고객 정보를 기반으로 한 마케팅 수단인 DBM의 수행을 통해 쌓은 정보와 노하우들이 정리 정돈되지 않는다면 어렵게 얻은 정보의 지식화는 결코 이루어질 수 없다.

Data - Information - Knowledge - Wisdom

즉, 정보 습득 후에는 정리와 정제를 거친 지식화 과정이 필수적이다. Cashbag 전략 · 지원팀의 최낙현 과장은 "단순한 데이터는 휴지 조각과 다름없다. 정보를 습득한 후에는 지식을 창출하고 공유하는 과정이 필요하며, 그 후에는 창출된 지식을 확대하여 재생산해야 한다. 이러한 과정 중에서도 특히 습득한 정보를 어떻게 정리 정돈하느냐가 가장 큰 관건이다."라며 지식과 정보 관리의 중요성을 지적했다.

하지만 개인에게 암묵지의 형태로 묻혀 있는 정보를 밖으로 끄집어내는 것은 쉬운 일이 아니었다. 팀원들에게는 여전히 지식을 사유화하려는 경향이 남아 있었다. '내가 몇 년 간 공들여 쌓아 온 노하

우(Know-How)인데, 이걸 내놓으면 내 자리를 위협받지 않을까?'
하는 의구심이 정보 수집 단계의 가장 큰 어려움이었다.

지식 등록을 제도화하라

'암묵지를 형식지로 제도화하자.' 사실 아무리 좋은 시스템이라
도 가시적인 효과가 나타나기는커녕 오히려 업무에 방해가 된다면
그 시스템은 유명무실한 것이 아닐 수 없다. KM도 그렇다. 구성원
들이 효율성을 느끼지 못한다면 KM과 관련된 업무는 부가적인 업
무로 인식될 수밖에 없을 것이다. 따라서 KM 활동은 기존 업무와
연계되어야 하며, 업무 수행의 효율도 증가되어야 진정한 KM이 이
루어지는 것이라 할 수 있을 것이다.

이 때문에 Cashbag 전략·지원팀에서는 지식 등록과 활용이 업무
안에서 이루어질 수 있도록 일하는 방식을 개선했다. 각자의 업무와
관련된 정보는 모두 팀 내 CoP에 등재하고 각 항목에 대한 관리자를
지정하여 업무에 KM 시스템을 활용하지 않을 수 없도록 유도한 것
이다.

기업의 비전은 곧 개인의 비전이다

Cashbag 사업이 성장하면서 지식의 양이 점차 증가함에 따라 체
계적인 지식 관리의 필요성이 대두되기 시작했다. 그러나 업무를 수
행하면서 KM 시스템을 활용하기는 해도 정작 지식 관리의 중요성
에 대해 구성원들 간의 공감대가 형성되기는 어려웠다.

이를 해결하기 위해 우선 국내에서는 아직 DBM이 널리 퍼지지
않았다는 점을 들어 팀원 개개인의 희소가치를 강조했다. 그리고 워

크숍 등을 통해 조직이 잘돼야 나도 잘된다는 비전에 대한 일치와 공감대를 만드는 데 주력했다. 즉, 조직의 비전과 개인의 비전을 일치시킴으로써 함께 가는 길이 지름길이라는 생각이 확산되도록 한 것이다.

또한 Cashbag 전략·지원팀은 KM 전략의 하나로 개방형 회의주의를 도입하여 학습과 연구개발을 통해 자연스러운 커뮤니케이션이 이루어질 수 있도록 했다. Cashbag 사업부에는 DBM 그룹, 제휴 그룹, 온라인 그룹 등 다양한 그룹들이 따로 존재한다. 함께 일하지 않는 이상 서로의 업무에 대한 공유가 쉽지 않았지만, 이러한 학습과 연구개발을 통해 서로의 커뮤니케이션 문제가 해결됨은 물론 사업부 외부에 홍보도 되는 일석이조의 효과를 얻을 수 있었다.

실패 사례는 더 빨리 알려라

〈사례 1〉

Cashbag 전략·지원팀은 ○○베이커리와 제휴를 맺고 생일을 맞은 고객에게 케이크를 할인해 준다는 내용의 DM(Direct Mail)을 발송한 일이 있었다. 그러나 미처 생각하지 못했던 사태들이 발생하기 시작했다. 그중 하나는 모바일 서비스인 TTL 카드 고객이 기존 할인 대상이라는 이유로 TTL 카드 소지자는 할인에서 제외시켰다는 점이다. 가장 폭넓은 10~20대 고객층이 우선적으로 행사 대상에서 제외된 셈이었다. 두 번째 돌발 상황은 모든 케이크가 할인되는 것이 아니라 정해진 몇몇 케이크에 대하여만 할인 혜택이 주어졌다는 점이다. 선택의 폭이 한

정된 할인 서비스는 고객에게 오히려 짜증을 불러 일으킬 수 있었다. 그뿐만 아니라 할인 대상 매장도 ○○베이커리 전 지점이 아니라 몇 개 지점에 불과했다. 때문에 할인을 받으려면 먼 지점까지 굳이 방문해야 한다는 불편이 따랐다. 결과적으로 고객에게 만족할 만한 서비스를 제공하지 못한 실패한 사례였다.

〈사례 2〉

신년 기념 행사일을 앞두고 여유 있게 우편물을 발송한 후 고객의 반응을 기다리고 있었다. 그러나 행사일이 며칠 남지 않았는데도 고객들로부터 아무런 반응도 없는 것이었다. Cashbag 전략 · 지원팀원들로서는 도무지 이해가 가지 않는 상황이었다. 우체국에 연락을 해보았더니 연하장과 크리스마스카드 같은 우편물이 폭주하는 연말이라는 상황이 문제의 시작이었다. 게다가 개인 우편과 카드사의 우편물이 우선시되기 때문에 행사 일정과 같은 대기업의 대량 우편은 계속해서 차례가 뒤로 밀려날 수밖에 없었다. 고객들에게 보낸 우편물의 도착이 지연되는 건 당연했다.

이러한 실패 사례들을 끄집어내고 공유하지 않으면 똑같은 실수를 반복하게 될 수밖에 없다. 업무 과정 중에는 항상 성공과 실패가 공존한다. 성공 사례는 당연히 모범적인 전례가 될 수 있지만 실패 사례 역시 똑같은 실수를 반복하지 않을 수 있다는 점에서 그 가치를 평가받을 수 있어야 한다. 따라서 리더의 입장에서 창조적 실패 사례에 대한 책임을 묻지 않는 일도 중요하다.

핵심지식을 공략하라

〈핵심지식 활용의 예〉 ——————————————————————

> 장　훈: 과장님, 쿠폰 휴면 고객 활성화 테스트용 메시지 제
> 　　　　작이 완료됐습니다.
> 박원진: 기안 파일 있지? 한번 보자. 음…. 어, 고객 설문 피
> 　　　　드백이 우리 Okcashbag.com에 링크해서 하도록 되
> 　　　　어 있네.
> 장　훈: 네.
> 박원진: Okcashbag.com System의 부하 문제 협의는 해결됐어?
> 장　훈: 네? 부하 문제요?
> 박원진: 우리 핵심지식 14번 몰라? 동시 링크시 부하 문제로
> 　　　　시스템 다운 가능성 있는 거 말이야.
> 장　훈: 아 참! 깜박했네. 바로 확인해서 조치하겠습니다.

——

　정제되지 않은 지식의 공유는 지식의 홍수를 유발하여 그 효율성을 저하시킨다. 따라서 조직 내 공유가 필요한 지식은 엄선되고 절제된 지식에 한정해야 한다. 이를 위해 Cashbag 전략·지원팀에서는 핵심지식을 선정하여 관리하기로 했다.

　현재 팀 내 핵심지식은 약 150개 정도가 등록되어 있으며 이 지식은 구성원들이 반드시 공유하고 숙지하도록 했다. 이 핵심지식은 지식의 홍수로부터 보호받고 관리되어야 할 최고 수준의 지적 자산으로 인정되고, 실무자가 등록을 요청하면 팀장인 CoP 리더가 검토, 승인을 하여 정식으로 등록된다.

하나의 핵심지식이 창출되기까지에는 많은 검증과 검토가 뒤따른다. 유사 이력이 있는지 CoP를 통해 반드시 확인해야 하고, CoP 내에 등록하여 팀원들의 검토를 거친 지식이어야 하는 것이다. 이런 과정을 거친 후에야 비로소 정해진 Coding Rule에 따라 핵심지식의 코드화가 이루어지게 된다.

습득한 지식을 체계화하라

Cashbag 전략·지원팀에는 지식의 종류별로 관리 담당자가 지정되어 있다. 내부 지식은 물론이고, 팀 성격상 외부 지식도 상당수여서 이것을 어떻게 습득하고 관리하느냐가 중요한 관건이 된다. 이에 Cashbag 전략·지원팀은 서적, 종이 문서, 현재 구독 중인 신문이나 잡지 등 오프라인 자료의 종류별로 담당자를 정하여 관리하도록 했다.

이로써 Cashbag 전략·지원팀 내에는 200여 권의 관련 서적이 구비되어 있으며, CoP에 등록하기 어려운 종이 형태의 외부 자료를 수집해 공통 관리하고 있다. 또한 정기 구독하고 있는 신문이나 잡지는 담당을 정하여 입수 즉시 팀 내 회람이 필요한 부분을 발췌, 공지하는 역할과 함께 필요시에는 핵심지식 관리 업무 절차에 따라 등록하도록 했다.

여기에서 그치는 것이 아니다. 관리 대장을 만들어 체계적인 정리와 보관, 열람이 용이하도록 했다. 그리고 Naming Rule에 따라 그룹 내에서 작성되는 모든 문서의 제목을 수정하여 CoP에 등록하는 관리 방법을 취했다.

지속적인 관심을 유발하라

Cashbag 전략·지원팀은 이처럼 지식의 공유에서 한걸음 나아가 DBM의 핵심지식을 파악하여 지속적으로 관리함으로써 효과적인 활용을 통해 가시적인 성과를 얻어 낼 수 있었다. 또한 혹시 발생할 수 있는 매너리즘에 빠지는 것을 방지하기 위한 Cashbag 전략·지원팀의 계획은 팀 내 포상 제도를 운영하는 것이다. 정기적인 현황 평가를 실시하고 연말까지의 결과를 산출하여 1등에게는 포상을 하고, 꼴찌에게는 벌금을 물게 하는 형태이다. 강제적이지 않으면서도 경쟁심을 유도하여 더 많은 지식을 창출해 낼 수 있는 KM의 한 방법이 될 것이며, 팀원들의 지속적인 관심과 흥미를 유발시킬 수 있는 또 하나의 성공사례로 기록될 것이다.

7
KM은 커뮤니케이션 채널

엔트랙사업개발팀

경력 입사 후 KM을 활용하여 구성원들과 신뢰 쌓기

내가 아는 것을 남에게 알려 주면 내 자리를 지키기가 어렵다는 생각을 하는 경우가 많다. 그러나 이 사례를 통해 그것이 시대를 역행하는 판단임을 알 수 있다. 기업은 경쟁을 기본으로 하고 있으나, 구성원들 간의 협력 관계가 우선되어야 한다. 엔트랙[9]이라는 새로운 사업 수행을 위해 경력직으로 입사한 텔레매틱스 전문가가 자신이 알고 있는 지식과 정보를 공유하여 구성원들과 신뢰를 쌓아 나가고 전문가로 인정받는 것이 최선임을 깨닫게 된 사례이다.

"KM이란 폭넓은 지식을 습득하고 창출할 수 있도록 도와줌으로써 전문가 마인드를 길러 주는 기회의 장이 아닐까요?"

고객사업 부문에서 KM 활동 최우수상을 수상한 주성환 과장의 소감이다. 2000년 2월 경력 입사의 과정을 거쳐 남보다 늦게 SK 주식회사에 정착한 주 과장으로서 더욱 큰 영광이 아닐 수 없었다. 남보다 특출난 재주를 가지고 있다거나 어떤 특별한 비법이 있었던 것

---

9) 엔트랙: SK 주식회사가 2001년부터 차량 내 설치된 무선 단말기를 통해서 운전자의 취치를 기반으로 한 최적 경로 네비게이션 서비스, 실시간 교통정보, 생활정보, 위치정보, 긴급 구난·구조 서비스, 차량 원격 진단/제어 서비스 등 운전 및 차량 안전에 관한 전반적인 서비스를 제공하는 상품명.

은 아니었다. 다만 KM의 진가를 남보다 빨리 깨달았다는 게 비법이라면 비법이었을 것이다.

구원의 손길이 되어 준 KM

입사 후 주 과장은 기존 업무도 빨리 습득해야 했고, 관련된 업무의 설계는 물론 추진 방향을 따라잡기 위해서는 팀원들이 사용하는 경영 용어도 단시간 내에 이해해야만 했다. 게다가 경력 사원은 신입 사원들의 입장과는 다를 수밖에 없었다. 팀장은 최대한 빠른 시간 내에 그가 속한 조직에서 소기의 성과를 만들어 내길 바랐고, 그것은 그의 당연한 임무이기도 했다. 물론 경력 사원으로 입사한 만큼 시스템 엔지니어링이라는 전문적인 업무 지식을 갖추고 있긴 했지만, 자신이 처한 상황이나 업무 흐름을 정확하게 이해하지 않고서 실적을 만들어 낸다는 것이 결코 쉬운 일이 아니었다. 따라서 주 과장의 1차 과제는 기업 문화와 조직 특성이 다른 상황에서 업무 환경에 빨리 적응하는 일이었다.

그러한 상황에서 KM 시스템은 주 과장에게 구원의 손길이 되어 주었다. 사실 과장이라는 직급은 아랫사람에게 보고를 받기도, 윗사람에게 교육을 받기도 어려운 위치였다. 주 과장처럼 조직 문화가 다른 회사에서 경력 입사한 경우는 물론 기업 내 업무 전환자의 경우 역시 마찬가지일 것이다. 다른 사람에게 물어보려 해도 혹시나 업무에 방해가 되는 건 아닌지, 나를 무시하지는 않을지 자존심이 앞서기도 했다. 이런 상황에서 KM 시스템은 유용한 학습 도구이자 또한 자신의 지식을 전달하는 창구가 되어 주었다.

비전을 만들어 나가는 사고

주 과장은 우선 업무와 관련된 '엔트랙 General', '교통 정보 체계 구축' 등 몇 개의 CoP에 가입하고, 지식과 정보를 학습하기 위해 부단히 노력했다. 그리고 개인적으로 보유하고 있던 시스템 엔지니어링에 관련된 여러 자료들을 CoP와 K-Base에 올려 공유하기 시작했다.

그의 담당 분야인 시스템 엔지니어링은 다각적인 사고와 거시적인 안목이 가장 중요하다. 이 때문에 항상 새로운 관련 지식을 습득해야 하고, 사실과 판단 기준에 입각한 실증 자료들을 끊임없이 반복하여 검토하고 이해할 필요가 있다. 다시 말해, 업무를 수행하기 위해서는 늘 풍부한 정보를 보유하고 있어야 하는 것이다. 그러다 보니 많은 자료와 접촉해야 하고, 이를 활용하여 위협 요인을 분석하거나 기회 요인을 도출하여 사업의 전략적 비전과 계획을 수립해 나가야 한다. 시스템 엔지니어링이란 현업에서 제품을 생산하는 것과는 달리 비전을 만드는 이론이기 때문이다. 반면 이러한 시스템적 사고를 통해 개인의 시간을 탄력 있게 운용하는 것도 가능해진다.

주 과장은 이러한 전후 사정을 알고 있었지만 조직은 아직 그런 업무 환경을 갖추고 있지 못했다. 상품을 만들어 내는 이론에 치중한 나머지 지나치게 현실적이고 근시안적으로 업무를 처리하고 있었고, 모두들 시간 부족으로 어려움을 겪고 있었다.

초기에는 가끔 동료 직원들에게 비전을 만드는 이론에 대해 조언을 해주었지만, 이미 그들의 몸에 밴 습관을 바꾸기란 쉽지 않았다. 당장 이 문제를 해결하기에는 어렵다고 판단한 그는 다른 방법을 모색하기로 했다. 자칫하면 지금까지 자신이 노력해 온 결과가 모두 수포로 되돌아갈지도 모르는 일이었다. 그래서 생각해 낸 방법이 자신이 가진 지식과 참고 자료를 공유하는 것이었다.

지식 공유는 새로운 지식을 얻는 지름길

당시 그가 사용하고 있던 컴퓨터로는 메모리 용량이 부족하여 업무와 관련된 중요한 자료를 CD로 백업받거나 다른 하드에 저장해야 했기 때문에 이에 따른 추가 비용이 발생할 수밖에 없었다. 이러한 문제들로 인해 회사의 공식적인 경영 인프라인 KM 시스템을 활용할 수 밖에 없었다.

이후 공개 가능한 자료들이나 업무에 참고가 될 만한 자료들을 KM 시스템에 등록하기 시작했다. 그러다 보니 처리 속도도 비교적 안정되었을 뿐 아니라 컴퓨터 메모리 용량도 늘어나고, 컴퓨터의 바이러스 감염 등으로 인해 자료가 분실될 걱정도 할 필요가 없게 되었다.

사실 처음에는 자신의 지식을 남에게 공개함으로써 조직에서 경쟁력을 잃게 되는 것은 아닌가 하는 잘못된 생각 때문에 좋은 자료는 몰래 숨겨 두기도 했었다. 그런데 자꾸 지식을 드러내고 공개하기 시작하자 더 새롭고 좋은 지식이 생기는 것이었다. 희한한 일이었다. 여기저기에서 KM, KM 하는 이유가 바로 이것 때문이었구나 하는 생각과 함께 새삼 KM의 효용성을 인식할 수 있었다. 뿐만 아니라 자신이 등록한 지식을 통해 누군가가 업무에 도움을 받았다는 말을 들을 때면 보람도 컸다.

믿음직한 지식 창고로서의 역할

이렇게 KM을 조금씩 활용하다 보니 어느새 그의 K-Point는 100점이 넘기 시작했고, 재미가 생기면서 슬슬 200점 도전에 대한 욕심이 발동했다. 그래서 출장 관련 자료를 비롯한 업무와 관련된 모든 자료들을 파일 형태로 받기 시작했고, 그 자료들을 주제별로 분류하여 등록하였다. 등록을 통해 그가 받는 점수는 그리 높지 않았지만 개의치 않았다. 그는 자신에게 필요한 참고 자료가 가득 저장되어 있는 지식 은행으로서 KM을 활용하고자 할 뿐이었다.

시간이 지나 KM에 익숙해지면서 그는 다른 직원들이 등록한 자료도 편집하여 업무에 활용하기도 하였고, 다른 부서와의 업무 협조가 필요한 경우에는 담당자 이름이나 업무 주제별로 미리 관련 자료를 검색함으로써 회의 시간을 단축시키기도 하였다. 그러다 보니 불과 1년도 되지 않아 스스로도 믿기지 않는 500점 이상의 K-Point를 갖게 되었다.

이로 인해 주 과장은 신설된 엔트랙 QoS(서비스 품질) 그룹에 발탁되어 엔트랙사업의 견인차 역할을 수행하게 되었다. 또한 엔트랙 서비스의 상용화에 따라 결성된 '고객불만 관리 테스크 포스팀' CoP에서 고객 클레임 처리 및 서비스 품질 시스템 체계화를 책임지는 CoP 매니저로도 활동하게 되었다. 이 CoP들로부터 창출된 지식을 회사 차원의 지식 공유의 장인 K-Base에 지속적으로 등록하였고, 이제 K-Base는 주 과장에게 가장 믿음직스러운 지식 창고이다. 고객을 대상으로 하는 기술 마케팅에 활용할 수 있는 최상의 정보 무기가 된 것이다.

가끔 다른 부서 담당자가 자료를 요청해 오거나 새로운 직원이 들어와 업무 관계를 갖게 되면 주 과장은 다음과 같이 친절하게 설명해 준다.

"K-Base 내에 ○○○와 관련된 지식이 등록되어 있으니 참고하세요."

초보자에서 전문가로 도약

이렇게 KM을 폭넓게 활용하다 보니 KM은 업무 수행시 없어서는 안되는 필수 요소가 되었고, 그는 지식 등록과 조회의 단순한 활동에서 벗어나 좀더 복잡한 의미의 학습 과정을 수행하는 네티즌이 되었다. 자신이 보유한 지식의 등록 외에 다른 사람이 등록한 지식을 합성해서 새로운 지식을 창출하는 데까지 이르게 된 것이다. 자료 조사에 드는 비용과 노력까지 절감하면서 맡은 업무를 철저히 처리함은 물론 KM 활동 최우수상이라는 포상까지 받게 되었으니, 이만하면 그에게 있어서 KM은 어디에서든 유용하게 사용할 수 있는 가장 강력한 무기라 하지 않을 수 없다.

주 과장은 업무를 처리하면서 습득한 모든 지식을 업무의 실패나 성공 여부에 관계없이 정리하여 K-Base에 등록해야만 업무가 마무리되는 것으로 생각하게 되었다. 뿐만 아니라 새로운 과제가 할당되어도 고민하지 않고 우선 K-Base를 검색하고 조사하는 습관을 가지다 보니 정보 능력에도 어느 정도 자신감을 가지게 되었다.

또한 세미나 및 국제회의에 참석하여 획득한 제한된 지식을 K-Base를 통해 공유함으로써 조직원들에게 현재에서 미래까지 포함한 포괄적인 지식을 전파하는 역할도 수행할 수 있었다. 즉, 자신이 참석한 여러 회의에서 얻은 지식을 자신만의 것으로 그치지 않고 참석하지 못한 사람들도 언제든 관련 자료를 쉽게 검색하여 참고할 수 있도록 해주는 '지식 전도사'가 되어 동료들의 학습 영역도 넓혀 주게 되었다.

KM을 통하여 단순히 정기적인 보고 자료 정리의 의미를 넘어 학습 효과까지도 창출하고 있는 것이다. 다시 말해, 교육 자료나 특정 과제에 대한 업무 추진 보고서 등을 공유함으로써 향후 유사한 업무를 추진할 경우 KM 시스템의 지식을 활용하여 시간 절약과 함께 리스크를 줄일 수 있게 되었다.

통용되는 기준서, 지침서를 공유한다

Telematics 시스템은 단말기, 센터, 콘텐츠, 솔루션, 네트워크 등으로 구성된 포괄적인 복합 시스템이다. 때문에 최종 고객에게 전달되는 정보는 여러 단계의 변환 과정을 거쳐야 한다. 따라서 폭넓은 지식과 기준서를 필요로 하며, 이에 대한 지식 공유는 필수적이라 할 수 있다.

또한 다른 회사 또는 업계의 정보 동향을 정확히 파악하는 일은 사업 추진에 있어 무척 중요하다 할 수 있다. 따라서 양질의 정보 소싱 전략을 수립하고 비교, 평가할 수 있는 실무자의 현장 감각을 길러야 한다. 관련된 동향을 다른 사람과 공유하게 되면 업무 추진 과정에서 자신의 선입견으로 인한 착오의 확률을 대폭 줄일 수 있기 때문이다.

KM은 학습 효과를 향상시킨다

주 과장과 같이 신입 사원인 경우, KM을 통해 새로운 업무 환경에 적응하는 능력을 높일 수 있다. 또한 KM은 사무 환경의 편의성과 효율성을 증대시키는 경영 인프라이기도 하다. 직원들이 근무 장소에 관계없이 K-Base와 같은 채널을 학습 영역으로 삼아 활용하다 보면 직원들의 기동력 향상을 통해 결과적으로 업무의 효율성을 높이는데 지대한 기여를 하게 될 것이다. K-Base의 자료를 활용하여 기회 요인과 위협 요인을 제대로 인지함으로써 최적의 분석 모델을 제시하는 효율이 높아져서 업무 부담에 따르는 스트레스도 대폭 줄어들게 된다. 그러다 보면 구성원 각자가 가지고 있는 능력도 전보다 훨씬 강화되어 결국에는 기업 경쟁력이 한층 높아지는 계기가 될 것이다.

Solution Pack으로서의 지식 확장

"저는 앞으로도 우리 회사의 지식 경영을 위해 작으나마 기여를 할 것입니다. 그리고 동료 직원이나 후배 직원들이 KM의 지식을 제대로 활용해서 빠른 시일 내에 양질의 업무 성과를 낼 수 있도록 도와주고 싶습니다. KM이 지식의 샘이라는 공감대가 더욱 확산된다면 더 좋은 KM 사례를 끊임없이 산출해 낼 수 있을 것입니다."

주 과장은 자신이 K-Base에 등록한 시스템 엔지니어링과 관련된 지식들을 Solution Pack으로 개발하겠다는 계획을 가지고 있다. 무선 통신망이나 정보 콘텐츠 등의 자료들과 실제 진행되고 있는 사업 관련 정보 및 분석 자료들은 대부분 제반 Solution Pack의 성격이 강하기 때문에 잘만 구성한다면 또 하나의 새로운 지식 사업으로서의 가능성이 크기 때문이다. 초보자를 위한 학습의 장이라는 아주 단순한 의미에서 출발한 그의 KM 활용이 자신은 물론 같은 분야에 근무하는 많은 사람들에게도 지대한 영향을 미치게 됨은 물론 수익까지 창출하게 될 것이다.

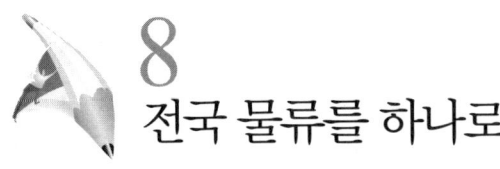

8
전국 물류를 하나로

물류 TOP 추진 TFT

지리적 한계 극복한 경영 개선 프로젝트 추진

경영 개선 프로젝트 추진시에는 경영층, 주관 조직, 개별 구성원들 간의 커뮤니케이션이 얼마나 잘 이루어지는가에 따라 전체 프로젝트 수행의 성패가 좌우된다. 이처럼 전국 25개 지역에 흩어져 있는 물류센터의 효율성 개선 프로젝트를 추진하며, 경영층 및 주관 조직과 실시간 커뮤니케이션이 가능한 CoP를 구성하여 지식과 정보를 공유하고 업무에 활용함으로써 성공적으로 프로젝트를 수행한 사례를 보여 준다.

물류 TOP(Total Operational Performance)[10] 추진 테스크 포스팀의 김달곤 부장. 그는 오늘도 모니터 앞에 앉아 자신이 멤버로 등록되어 있는 CoP를 둘러본다. 외모에서 풍겨 나오는 차분함만큼 키보드를 두드리는 손놀림도 안정되어 있다.

그가 KM 활동의 일환으로 운영하는 CoP를 알게 된 것은 꽤 오래 전 일이지만 이를 본격적으로 팀 업무에 활용하게 된 것은 2000년

---

10) TOP(Total Operational Performance): 2000년도에 멕킨지컨설팅을 통해 도입된 생산효율증대 관련 경영 기법으로서, 체계적이고 총체적인 관리 영역을 대상으로 하여 전 구성원이 단기간에 걸쳐 제한 없는 아이디어를 내고 개선 활동을 수행.

초, 물류 TOP 프로젝트를 추진하면서부터였다. 울산 Complex에서 생산된 물품을 소비자에게까지 전달하는 업무를 하다 보니 어떻게 하면 보다 효율적으로 일을 처리할 수 있을까 하는 생각 끝에 CoP를 운영하게 된 것이다.

물류 TOP의 탄생

2000년에 이미 울산 Complex에서 성공적으로 수행된 바 있는 생산성 향상 프로그램인 TOP는 2001년 1월 물류 TOP 추진 TFT팀에 의해 '물류 TOP' 라는 이름으로 재탄생되었다. 업무 특성상 전국 11개 물류센터를 신속하게 이어 줄 매개체가 필요했던 이 팀에게 시간과 공간의 제약을 극복할 수 있게 해주는 경영 인프라인 KM 시스템이야말로 없어서는 안 될 중요한 것이었다.

전국 11개 물류센터별로 7~8명씩, 약 100명 가까운 구성원으로 이루어진 물류 TOP 추진 TFT의 효과적인 운영을 위해 우선 TOP 활동에 맞도록 CoP를 재구성하기 시작했다. 지식 Library[11]의 구성이나 분류 기준, 이벤트 등의 분류 항목 기능을 활용하여 업무 이용에 좀더 편리하도록 나름대로 새롭게 틀을 정해 본 것이다. 이렇게 운영되기 시작한 CoP의 활성화를 위해 구성원들에게는 이미 수행하고 있는 업무에 대한 자료라면 무엇이든 CoP에 올리도록 했다.

물론 반발이 전혀 없었던 것은 아니었다. 다들 지금까지 자신이

---

11) Library: CoP는 커뮤니케이션을 목적으로 하는 일반 문서와 탐색기의 폴더식으로 다단계 분류 체계를 활용하여 최종 성과물 등의 상위 지식을 보관하는 Library 문서로 구분되어 있다. 이때 탐색기 폴더식의 다단계 분류 체계를 Library라고 칭함.

일해 오던 방식을 버리고 새로운 시스템에 적응해야 했으므로 은근히 거부 반응을 드러내기도 했다. 이러한 불만들을 불식시키려면 주먹구구식 방법보다는 KM의 필요성에 대한 이해를 확산시키는 것이 무엇보다도 필요했고, 이를 위해서는 리더의 역할이 중요했다. 어떤 조직이든 앞장서서 지휘를 하는 자가 있어야 진로를 잃지 않고 곧은 길을 갈 수 있는 법이다. 이에 팀에서는 KM 시스템을 비교적 잘 이해하고 있는 몇몇을 CoP 매니저로 선정하여 멤버들을 교육시키고, CoP 활용에 어려움을 겪고 있는 멤버에게는 지속적인 교육도 실시하는 등 CoP 활동 전반에 대한 독려와 지원, 점검을 하도록 하여 서포터로서의 역할을 수행하도록 했다.

지성이면 감천이라 했던가. 시간이 지남에 따라 멤버들도 CoP를 능숙하게 활용하기 시작했고, 초기에는 단순히 자료 입력 정도에 그치던 활동이 이슈 사항에 대한 토론이나 게시된 자료에 대한 의견 교환, 자료 업그레이드, 팀 간의 벤치마킹 등으로 확산되기 시작했다. 한마디로 CoP가 팀원 간, 팀 간, 상하 간의 커뮤니케이션 통로로 정착화된 것이었다.

KM, 맛을 아는 사람이 찾는다

"예를 들어 어느 곳에 새로 빵집이 생겼다고 가정해 보세요. 물론 처음에는 대부분의 사람들이 그 집에 들어가는 것을 꺼리겠죠. 괜히 내 돈 내고 샀다가 맛이 없으면 낭패니까요. 하지만 그 집 빵 맛이 정말로 좋다면 언젠가는 사람들이 모여들게 되어 있어요. 한 번 먹어 본 사람들이 그 맛을 인정하면 그때부터는 그 집의 단골이 될 테니까요. KM도 마찬가지가 아닐까요?"

정말 좋은 시스템이라면 크고 작은 시행착오를 거치더라도 결국에는 정착될 수밖에 없다는 김달곤 부장의 생각처럼 KM 시스템은 어느새 '물류 TOP'을 수행하는 데 있어 없어서는 안 될 중요한 도구로서 자리 잡게 되었다.

이렇게 KM 시스템이 프로젝트를 성공적으로 수행하는 열쇠 역할을 할 수 있었던 것은 시스템의 성격이 업무에 필요한 부분과 맞아떨어졌기 때문이다. 물류 TOP 추진 테스크 포스팀이 프로젝트 성공의 '핵심 요소'를 살펴보면, 우선 K-Base나 Q&A를 통해 기존의 지식들을 검색하고 이를 업무에 활용한 점이 프로젝트 진행에 도움이 되었다고 한다. 그리고 CoP 활용을 통해 전국에 산재된 사업장 간에 통일된 일정 관리를 할 수 있었기 때문에 일 처리를 효율적으로 할 수 있었다고 입을 모은다. 여기에 KM을 통해 일관성 있는 프로젝트를 진행하고 신속한 의사 결정이 가능하게 되어 시간 손실을 막을 수 있었다는 점도 빼놓지 않는다. 또한 이 프로젝트가 끝난 후 TOP에 참여했던 팀원들의 커뮤니케이션 수준이 이전보다 한층 향상되었다는 점도 성과로 꼽을 수 있다. 그 외에도 생성되는 모든 자료를 프린트하지 않고 지식 Library에 등록해 활용함으로써 별도의 문서철이나 파일이 필요하지 않으니 종이 값까지도 아낄 수 있는 알뜰한 시스템인 셈이다.

분명한 목적의식이 최우선이다

어떤 시스템을 처음 사용할 때 그것을 왜 사용하는지, 무엇을 달성하기 위해 사용하는지 등 분명한 목적이 있어야 성공할 수 있다. KM의 CoP는 여유 시간 마련이나 구성원들의 재미를 위해 활용되는 것이 아니라 지식다운 지식을 창출하기 위해, 또한 이를 업무에 활용하여 보다 발전된 결과를 얻기 위해서라는 목적을 분명히 알고 사용해야 한다. CoP 활동은 정확한 목표와 추진 방향이 설정되어야 하며, 그 안에서 이루어지는 커뮤니케이션은 반드시 주어진 목표와 방향에 맞도록 추진되어야 한다. 만약 그렇지 못한 경우라면 CoP 매니저 등의 관리자를 중심으로 반드시 올바른 방향으로의 수정이 있어야 한다.

경영층의 관심과 참여가 성공을 앞당긴다

CoP 활동 초기에는 Top Management의 적극적인 관심과 참여가 구성원들에게 큰 힘을 주며, CoP 활성화에도 큰 도움이 된다. 시행 초기에는 리더나 매니저 등 일부 인원을 제외한 다수의 팀원들이 CoP를 상당히 낯설게 느낀다. 이러한 상황에서 리더나 경영층의 활발한 참여는 비록 일부 강제적인 요소를 포함할지라도 CoP의 활성화에 큰 힘이 됨을 부인할 수 없다. 그리고 시간이 지나 참여 팀원들을 중심으로 자연스럽게 CoP가 운영되는 단계에 이르면 리더나 경영층이 주기적인 점검과 진행 현황을 확인하는 정도만 수행해도 시스템은 원활히 진행될 수 있을 것이다.

적절한 중재자(Facilitator)의 역할

CoP 도입 초기에는 익숙하지 않은 모든 팀원들에게 꿀을 날라다 주는 벌과 같은 역할을 할 중재자가 반드시 필요하다. 이 사람은 팀원들에게 시스템 사용의 동기를 부여해 줄 뿐만 아니라 전반적으로 커뮤니케이션을 원활하게 해주는 역할을 한다. 또한 멤버들 간의 친밀도와 신뢰감을 높여 주어 시스템 사용의 활성화에 중요한 요소로 작용한다. 따라서 커뮤니케이션의 촉진자 역할을 담당하는 멤버의 솔선수범은 성공적인 시스템 운영을 위한 필요충분조건이라고 할 수 있다.

주기적인 오프라인 미팅

CoP를 통한 온라인 커뮤니케이션이 활성화되는 시점에서 그 성과를 한 단계 높이고 싶다면 관련 팀원 간 오프라인 미팅을 거쳐야 효과적임을 멤버들은 확인할 수 있었다. 온라인상의 간단한 커뮤니케이션만으로도 해결 가능한 문제가 있지만, 대부분의 문제들은 온라인과 오프라인의 사용을 병행했을 때 그 효과를 높일 수 있기 때문이다. 이렇게 온라인 커뮤니케이션에서는 놓칠 수 있는 부분을 직접 만나 협의함으로써 문제 해결뿐만 아니라 향후 원활한 커뮤니케이션에도 도움을 줄 수 있었다.

프로젝트의 특성에 맞도록 CoP의 역할을 정립하자

각 프로젝트의 고유한 특성을 초기에 파악하여 이에 맞는 CoP를 구성하는 것은 마지막까지 프로젝트를 성공적으로 이끌어 가기 위한 핵심 요소가 된다. 특히 CoP에서 생기는 각종 자료나 커뮤니케이션 내용이 정리되어 보관될 Library의 구성이나, 관심 있는 특정 집단의 그룹화 등이 중요하다.

팀원들의 마인드가 프로젝트를 활성화시킨다

ToP 프로젝트 팀원들에게는 당시 CoP가 마치 호텔 로비나 커피숍과 같은 이미지였다고 한다. 같은 자료를 올리더라도 보다 재미있고 쉽게 이야기 형식처럼 보고 쓰고 했다는 얘기이다. 이것은 다시 말해 CoP를 그만큼 편하고 자유롭게 생각했다는 뜻인데, 바로 이러한 팀원들의 마인드가 프로젝트의 활성화에 큰 도움을 주었다고 볼 수 있다.

KM이 없었다면 물류 TOP 프로젝트는 성공하지 못했으리라 딱 잘라 말할 수는 없을 것이다. 그렇지만 이 프로젝트의 시행에 있어 KM, 그중에서도 CoP의 역할이 매우 중요했다는 것만은 부정할 수 없는 사실이다.

하지만 모든 일이 그렇듯 늘 좋은 면만 있을 수는 없는 법이다. 프로젝트를 끝낸 후 구성원들은 CoP를 통해 지식을 활용한다는 측면에서는 충분히 성공적인 활동을 했다고 자신할 수 있지만, 활용되었던 지식들을 걸러 내고 그룹화하여 K-Base로 옮기는 과정에서는 많은 부분을 놓쳤음을 아쉬워했다. 아쉬움이 남을 정도로 많은 열의를 갖고 이번 프로젝트에 임했던 김 부장을 비롯한 팀원들의 머릿속에는 이미 KM에 대한 노하우가 차곡차곡 쌓여 있는 듯했다.

9
사라지지 않는 지식의 샘터

광주물류센터

ISO 9001 인증을 위한 KM 활용

ISO 인증은 상품을 공급하는 기업의 품질 시스템을 제3자인 인증기관이 평가하여 품질보증 능력을 인증해 주는 국제적인 제도이다. 이러한 까다로운 조건 때문에 ISO 인증을 받기 위해서는 엄격한 업무 절차와 이를 뒷받침하는 많은 교육 및 자료를 구비해야 한다. ISO 인증은 그 자격을 취득하기도 어렵지만 유지하는 일도 만만치 않다. 다음은 ISO 인증을 위해 정보 수집이나 교육 실시 과정에서 CoP를 효율적으로 활용한 사례이다. 이러한 CoP의 활동 결과는 추후 심사를 받는 다른 물류센터가 유용하게 활용할 수 있는 지식이 된다.

고객이 요구하는 제품을 적기에 최소의 비용으로 정품 정량을 공급하는 것, 이것이 광주물류센터의 슬로건이다. 무등산의 정기를 업고 광주 외곽에 자리한 광주물류센터는 작지만 속이 꽉 찬 곳이었다.

광주물류센터는 생산된 제품이 입하/저장/출하 시설을 거쳐 고객에게 안정적으로 공급될 수 있도록 모든 면에서 알뜰히 운영되고 있었다. 이곳의 전체 직원은 27명으로, 석유 제품의 입하와 저장을 담당하는 '운영반'과 출하와 자재 관리를 담당하는 '관리반'으로 간단하게 나뉘어 있다. 외부로 파견 나간 직원을 제외하면 광주물류센터 내부에서 일하는 인력은 20여 명이 전부였다. 식구가 단출한 까닭에 센터 전체에는 가족적인 분위기가 감돌았다. 센터의 한 구석에는 남는 땅을 활용한 작은 밭도 꾸려져 있어서 유기농 채소들도 먹을 수 있었다. 그 또한 일터를 내 집처럼 운영하는 광주물류센터의 모습이었다.

우리만의 CoP

2002년 11월 전국에 분포하고 있는 11개 물류센터 가운데 품질 표준 규격 검사, 즉 ISO 인증 전환 심사를 받을 곳으로 광주물류센터가 선정되었다. 인증 전환을 위해 처음으로 심사를 받는 것이었으므로 심사관이 무엇을 요구할지, 어떤 질문을 할지 모르는 상황이었다. 때문에 준비에 더욱 만전을 기해야 했다. 더군다나 전 물류센터 중에서 처음으로 심사를 받는 데 대한 책임감도 따랐다.

숙지해야 할 내용은 많았다. ISO 9001에 관한 내용, 석유 제품 품질 규격, 작업 표준 관련 자료, 팀 KPI 등 많은 사전 준비를 함께 할 공간이 필요했다. 전 직원들을 한자리에 모아 교육을 하는 것도 하나의 방법이었으나, 현장 업무와 시차제 근무라는 한계 때문에 사실상 불가능한 일이었다.

그렇다면 CoP를 활용하는 것이 최선이었다. 당시 물류센터는 지리적으로 떨어져 있는 한계를 극복하기 위해 물류센터 운영에 필요한 전문 주제별로 CoP를 구성하여 활동을 하고 있었다. 그러나 ISO 인증 심사는 광주물류센터만을 대상으로 하고 있어서 하나의 프로젝트를 수행하는 것과 같은 개념의 CoP를 개설하게 되었다.

보기 편하고 알기 쉽게

한번 인증 심사를 받으려면 최소한 3개월 전부터 자료 정리와 교육 준비를 시작해야 한다. 그 전에 따로 자체 감사도 실시하는 등 완벽한 준비를 위한 과정들이 선행되어야 하는 것이다.

그러나 도대체 무엇을 준비해야 할지 막막하지 않을 수 없었다. ISO 재인증을 위한 심사는 2년마다 실시되지만 전체 물류센터 중 돌아가면서 선정되는 것이라 다들 한 번의 인증 심사를 마치고 나면 그것으로 끝이었다. 일단 인증 심사를 끝낸 물류센터는 언제 다시 인증 심사를 받을지 기약이 없기 때문이었다. 발등에 떨어진 불만 끄면 된다는 식이었다. 다른 물류센터가 어떤 인증 심사를 받았는지 알 수 없었고, 광주물류센터 역시 지난 번 인증 심사와 관련된 자료도 찾을 수 없었다.

그래서 광주물류센터 직원들은 우선 K-Base에 흩어져 있는 정보들을 추리고 모아서 광주물류센터 전용 CoP에 정리하고 체계화하는 작업을 시작했다. 아무리 좋은 정보도 한눈에 들어오지 않으면 쉽게 손이 가지 않는 법이다. 수검에 필요한 지식들을 전용 CoP 안에 완벽하게 정리하고 나자 직원들의 지식 공유가 더욱 실용적이고 심도 있게 이루어질 수 있었다.

Off-Line의 한계를 KM으로 극복하라

광주물류센터 직원들끼리 공유할 수 있는 공간이 생기자 수검 준비는 훨씬 수월해졌다. 뿐만 아니라 업무와 연계된 자료들도 CoP에 올려 공유함으로써 업무 효율성을 높여 나갔다. 좀더 일찍 만들었더라면 하는 아쉬움이 들 정도였다.

사실 개인 CoP 활동은 그전에도 활발하게 운영되어 온 편이었다. 현장의 작업 감독을 맡고 있는 고윤홍 대리는 평소에 늘 KM을 강조해 왔으며, 스스로 모범이 되고 있었다. 그 자신이 KM의 필요성을 절실히 느낀 탓이었다.

현장을 관리하면서 고 대리는 아침저녁으로 작업 지시와 현장 교육을 해야 했는데, 사실 말이라는 것이 한번 듣고 흘려버리면 그만이었다. 어떤 경우에는 숙지해야 할 내용들을 복사해 돌리기도 했지만, 받고도 보지 않거나 잃어버리기 십상이었다. 그러나 KM 시스템을 활용하기 시작하고 공유되어야 할 정보를 K−Base에 등재하면서 이전의 비효율적인 일처리 방식을 탈피할 수 있었다. 기상이 좋지 않아 현장 업무가 어려운 날은 모두가 PC 앞에서 KM 시스템을 활용하도록 독려하는 데 주력했다.

이러한 노력의 결과로 광주물류센터 직원들은 KM을 일상과 접목시킬 수 있었고, QC 활동 또한 원활히 이루어질 수 있었다. KM에 대한 이러한 긍정적인 인식은 새로 개설된 전용 CoP를 더욱 활성화시킬 수 있는 밑거름이 되었다.

성공적인 심사로 이끈 KM

심사는 성공적이었다. 심사관들은 전반적으로 우수한 실적이라고 평가했으며, 그중에서도 ISO에서 중요하게 여기는 문서 · 기록을

CoP를 활용하여 관리하는 것이 심사를 쉽게 할 수 있는 계기가 되었다고 밝혔다. 지적 사항이 없어 아쉽다는 말을 남길 정도였다.

이전에는 문서화된 심사 자료를 한 무더기 준비해야 했다. 요구하는 자료가 준비되어 있지 않은 경우에는 그 자료를 찾아 동분서주해야 했던 게 다반사였다. 그러나 이번 광주물류센터 심사 과정에서는 심사관의 질문과 그에 대한 답변이 90퍼센트 이상 CoP Room에 게시된 내용으로 이루어졌다. 게다가 심사를 하는 동안 요구하는 자료를 그 즉시 CoP에서 출력하여 일사천리로 진행할 수 있었다.

함께 가는 것이 빨리 가는 것

예전에는 만 하루가 걸리던 수검 시간이 KM 시스템을 활용한 결과 4시간 만에 끝날 수 있었다. 이처럼 광주물류센터는 ISO 인증 전환 심사 과정에서 얻은 지식들을 정리하고 체계화하여 효과적인 수검을 받게 됨으로써 타 물류센터에 모범이 되었다. 또한 KM의 효용도 널리 알리게 되었으며, 심사를 통해 SK 주식회사의 기업 이미지도 높일 수 있었던 계기가 되었다.

광주물류센터 직원들은 나만 알면 끝이라는 사고방식이 기업 경영에 커다란 방해 요인이 될 수 있다는 사실을 이번 심사 과정을 통해 절실히 느끼게 되었다. 이인삼각 경기에서 파트너와 발을 맞추어 함께 움직이는 사람이 가장 빨리 목표 지점에 도달할 수 있듯이, 지식을 모두가 함께 공유한다는 것은 기업뿐만 아니라 개인을 위해서도 바람직한 길이 될 것이다.

일회적인 대처를 넘어서서

광주물류센터는 준비했던 지식들뿐만 아니라 이번 심사 자료들까지도 KM 시스템에 상세히 기록하였다. 이렇게 하여, 차후 심사를 수검하는 타 사업장에서는 광주물류센터를 전례로 삼아 시행착오도 없애고 효율성을 높이고 지식을 축적할 수 있게 되었다.

힘들여 쌓아 두었던 경험과 지식들이 안개처럼 사라지고 마는 일회적인 대처는 현대의 경쟁 사회에서 더 이상 존속되어서는 안 된다. 이러한 회사의 중요한 경험과 지식을 계속 축적하고 경영에 활용할 수 있도록 KM을 경영의 인프라로 적극 활용하는 것이 바람직할 것이다.

제 2 장
PRODUCTION

10
지식경영의 비법, 바로 여기에 있다

CIM 개발 · 운영팀

지식 강화를 통한 수익 창출과 개인의 가치 향상

IMF 등의 외부 환경으로 인한 조직의 역할과 개인의 직업관에 대한 변화는 지대했다. 이러한 위기 상황에서 CIM 개발 · 운영팀은 지식 활용과 개인의 가치 향상을 조직의 비전으로 정하고, 그간의 사업 수행 지식과 경험을 체계적으로 정리하여 사내 최초로 Solution Pack을 개발, 활용하여 수익을 얻을 수 있었다. 회사의 이익과 가치 제고뿐만 아니라 개인의 가치까지도 높이는 계기가 된 개인과 조직의 Win-Win 사례이다.

"또예요? 이번엔 또 어디라고 합니까?"

"아이구, 1등 두 번 했다가는 큰일 나겠네, 큰일 나겠어."

2001년, Best KM 사례 분야에서 1등을 차지한 울산 Complex의 CIM[12] 개발 · 운영팀은 요즘 연신 즐거운 비명을 지르고 있다. 수상

---

12) CIM(Computer Integrated Manufacturing): Computer, 즉 정보 기술을 이용하여 제품의 생산 업무인 생산계획, 운전, 생산관리를 통합하고, 최적화하는 것을 의미하며, 생산계획 시스템(Planning&Scheduling), 생산관리 시스템(OIS, Operation Information System), 고급 공정제어 및 공정최적화 시스템(APC, Advanced Process Control & Optimizer)으로 구성.

이후 여기저기에서 들어오던 팀에 대한 취재 협조 요청이 아직까지도 끊이지 않고 있기 때문이다. 1등을 거머쥔 소감에서부터 수상 비결, 운영 노하우에 이르기까지 사람들의 궁금증은 참으로 다양했다. 더구나 얼마 전 한 신문사에서 사진까지 찍어 간 후부터는 팀원들 모두 유명세를 톡톡히 치르고 있었다. 하지만 좋은 성과로 얻어 낸 결과인 만큼 모두들 싫지 않는 눈치였다.

KM을 잘하는 것=일 잘하는 것

"이렇게 될 줄 미리 알고 부장님께서 그렇게 열성을 보이셨나 봐요. 처음에는… 어휴, 정말 대단하셨죠. 팀장님께서는 원래 화를 자주 내시는 분이 아니거든요. 그런데 KM 초기에는 은근히 화도 많이 내시더라니까요. 시행 초기에 팀원들이 KM에 적응을 잘 못하니까 팀장님께서는 다양한 방법들을 동원하셨죠. 서면을 통해 주간 업무 보고를 하던 방법을 바꾸어 매일 KM 시스템에 올리도록 지시하셨습니다. 하지만 처음부터 그게 쉽게 되나요. 팀원들이 참여를 꺼릴 뿐 아니라 각 팀원들 간에 약간씩 수준 차이도 생기다 보니 어려움이 컸습니다. 그래서 결국 방법을 바꾸어 당근 작전을 쓰기로 하셨죠."

개인의 실력을 높이기 위해서는 경쟁심을 유발하는 것도 하나의 방법이 되었다. 팀장은 KM을 잘하는 사람에게는 즉석에서 주유 상품권을 주는 방법을 써서 은근히 팀원들의 경쟁심을 부추겼고 그 결과는 대성공이었다. 물론 전적으로 그것 때문이었다고는 할 수 없지만, 팀장을 비롯한 몇몇 주도층의 노력에 의해 결과적으로 CIM 개발·운영팀의 KM 수준이 한 단계 높아진 것은 사실이었다.

심지어 팀 내에서는 'KM을 잘하는 것=일 잘하는 것'이라는 분위기가 조성되었다. 좋은 성과를 얻은 지금, 팀원들은 사실 초반에는 적지 않은 부담이었다고 살짝 털어놓기도 한다. 하지만 이러한 어려움에도 불구하고 KM이 성공적으로 실천될 수 있었던 데에는 역시 팀장의 적극적인 관심과 참여가 크게 작용했다.

"부장님이 처음에 피드백을 참 잘해 주셨어요. 처음 도입된 시스템이라 다들 정신없어 했는데, 부장님은 늘 무언가 잘못된 점이 있으면 지적하시고, 그 부분에 대해 이야기를 해주곤 하셨습니다. 그때 하셨던 이야기가 이런 겁니다. '외부에 지식을 파는 사업을 하려면 우리의 지식이 체계적으로 잘 정리되어 있어야 한다. 전에는 지식이 사람의 머릿속에 들어 있어 여러 가지 한계가 있었지만, 지금은 지식을 공유할 수 있는 공간인 KM 시스템이 있다. 이 시스템을 얼마나 잘 유지하고 발전시키느냐가 지식경영, 즉 KM의 관건이다.' 그리고는 자료 하나를 올리더라도 최대한 상세하게 올리도록 요구하셨죠."

CIM 개발·운영팀의 비전 수립

팀장의 세심한 관심과 적극적인 지원도 팀 내 KM 활성화에 큰 몫을 담당했지만, 또 한 가지 간과할 수 없는 부분은 CIM이 나아가야 할 비전을 확실하게 정하고, 이를 달성하기 위한 방법으로 KM을 추진했다는 것이다.

처음 CIM 개발·운영팀의 비전을 수립하던 2000년 초는 회사 차원의 본격적인 KM 도입에 앞서 울산 Complex를 대상으로 선도 프로젝트를 추진하던 시점이었으며, 또한 CIM 개발·운영팀의 임무인 울산 Complex CIM 구축이 약 70퍼센트 이상 완료되어 가던 단계였다. 또한 무형 자산인 지식을 기반으로 한 생산기술 사업이 이제 막 걸음마를 시작하던 시기였고, IMF 사태로 인해 경영 환경이 악화되는 등 외부 환경으로 인해 팀 분위기가 어수선하던 때였다. 이렇듯 급변하는 환경 하에서도 전 팀원들이 모여 Can Meeting을 실시함으로써 마침내 팀원 모두가 공감할 수 있는 CIM 비전을 수립하게 되었다. 이때 수립된 CIM 비전이 바로 CIM 기술을 독립적인 사업으로 운영할 수 있는 가치를 확보하는 계기가 되었다.

목표 및 추진 전략을 세워라

이 비전을 달성하기 위해서는 팀 내 축적된 기술이 세계 시장에서도 경쟁력을 가질 수 있는 수준이어야 한다는 데 의견이 모아져 이를 중심으로 KM을 추진하기로 했다. 일단 팀 공동의 비전이 정해지면 이를 달성하기 위한 구체적인 목표와 전략을 수립해야 하고, 이를 위한 KM 활동의 목표 및 방법이 결정되어야 한다. CIM 운영·개발팀은 팀 KM 활동의 목표와 전략을 비롯한 KM 추진 계획을 보다 적극적으로 수립하였다. 이에 KM 활동 초기에는 팀의 목표를 KM 활성화로 정하고 KM 마인드 확산, K-Base 지식 축적 및 활용, 커뮤니케이션 & CoP 활성화를 추진 전략으로 삼아 KM 활동을 수행하였다.

그러던 중 2000년 3월, 울산 Complex의 KM 활동 목표가 지식을 기반으로 하여 업무를 효율화하고 신규 사업을 창출하여 기업 가치를 향상시키는 것으로 정해지자, 일관성을 위해 팀의 KM 추진 목표 또한 변화를 시도해야 했다. 그래서 생각해 낸 추진 방향이 '업무 수행=KM'이었다. 모든 업무를 수행함에 있어 KM 시스템의 활용률이 80퍼센트 아래로 내려가지 않도록 노력했고, 특히 핵심 업무에 있어서는 KM 시스템 활용률이 100퍼센트 수준으로 유지되도록 힘썼다.

이렇게 변경된 팀의 구체적인 KM 추진 전략은 업무 수행과 동시에 지식 축적 및 활용, 개인의 전문 능력 신장 및 영역 확대, 무형 자산의 축적 및 사업화였다. 한마디로, 이전에 비해 KM 활동의 내실화를 강조하게 된 것이다.

효과적인 지식 분류 체계

이렇게 KM 활동의 목표와 추진 전략을 재정립하고 이에 맞는 효율적인 KM 활동을 시작하려 했으나, 생각처럼 쉽지 않았다. 특히 팀의 KM 활동이 여전히 지식 공유와 활용이 아니라 지식 등록 건수와 K-Point 위주로 운영되고 있어 팀의 새로운 목표와는 맞지 않았고, 아직까지도 많은 팀원들이 KM 활동을 추가 업무로 인식하고 있어 활동이 저조했다. 게다가 KM 시스템의 분류 체계는 팀원들이 사용하기에 다소 불편한 부분이 있었으므로, 이것부터 해결하기로 했다.

우선 팀의 업무 수행을 위해 핵심적으로 필요한 지식을 먼저 등록하기로 했다. 당시 팀의 핵심지식이라고 여겨지는 자료는 상당히 많았다. 하지만 전자 파일 형태로 되어 있지 않은 경우가 많아 손수 찾아 정리하는 데 많은 어려움을 겪어야 했다. 서류로 남아 있는 자료들은 일일이 스캔 작업을 거쳐야 했기 때문에 그 정리에만도 한 달가량이 걸렸다. 개인의 지식 수준에 차이가 있어 그 개념을 인식시키는 데에도 어려움을 겪어야 했다. 이 과정에서 팀원들은 핵심지식의 정의와 이에 따른 분류 체계의 재정립에 대한 중요성을 뼈저리게 느낄 수 있었다. 또한 분류 체계 안에서도 업무 수행 과정과의 연계, 팀이 보유하고자 하는 역량 등을 고려하여 팀원 모두가 쉽게 공감하고 실천할 수 있는 체계를 정립해야 함을 배울 수 있었다.

Pilot Solution Pack의 개발

업무 수행＝KM, 곧 업무의 효율화, 인식의 전환, 업무 습관 개선을 위한 또 하나의 방안으로 KM 추진을 위한 Can Meeting을 팀 내에서 수차례 실시했다. 이를 통해 현행 업무 체계를 분석하여 문제점을 찾아내 팀 업무에 사용하기 편리하도록 CIM 지식 체계를 정립하는 한편, KM 시스템의 지식 분류 체계를 개선했다.

이러한 KM 시스템의 개선을 마침과 동시에 팀원들의 KM 활동을 Lead/Help/Check하기 위해 팀장이 직접 나섰다. 지금까지 별도의 보고서 작성과 회의를 통해 진행했던 업무 보고를 KM 시스템의 CoP를 통해 보고 및 토의하도록 하고, 주간 업무 보고 회의를 없앴다. 또한 필요시 별도의 주제를 중심으로 Can Meeting을 실시하면서 지식 Library의 메뉴 체계는 적합한지, 더 필요한 콘텐츠는 없는지 등을 토의하여 지속적으로 KM 시스템을 개선하고, 나아가 KM에 대한 팀원들의 수준을 높이는 발판을 마련하였다.

이러한 과정을 거쳐 2000년 7월, KM 활동이 정상 궤도에 오를 무렵 마침 전사 차원에서 지식기반 사업화(Knowledge Based Business)를 위한 Solution Pack 개발 방법을 구축하기 위해 시범적용 대상을 선정한다는 소식이 들려 왔다. 이에 CIM 개발·운영팀은 기회가 왔다는 생각에 그 동안 닦아 두었던 실력을 발휘해 보고자 자원하였고, KM 추진팀에서도 CIM 개발 · 운영팀의 KM 활동이 활발하게 이루어지고 있음을 알고 이 팀이 보유한 기술 중 APC(Advanced Process Control)[13] 기술을 Solution Pack 개발 Pilot 대상으로 선정하였다. 그 동안 갈고 닦은 실력을 보여 줄 기회가 온 것이었다.

CIM 개발 · 운영팀은 그간의 활동 경험을 바탕으로 하여 지식의 결정체라 불리는 Solution Pack을 만드는 일에 주력했다. 하지만 모든 일이 그렇듯이 이 작업 역시 만만하게 보아서는 안 될 일이었다.

Can Meeting을 통한 공감대 형성

처음이라는 면에서 의의가 크긴 했지만, 이 때문에 참고할 만한 모델이 없다는 어려움도 있었다. 이를 극복하기 위해 팀 내부에서는 수차례 Can Meeting을 거듭했고, 결국 KM 추진팀과의 지속적인 의견 교환을 통해 전체적인 방향을 설정할 수 있었다.

이렇게 전체적인 윤곽을 잡은 후에는 방대한 업무를 효율적으로 처리하기 위해 팀원끼리 일을 나누었다. 하지만 팀원들마다 일하는 스타일이 다르다 보니 작성된 지식의 내용에 일관성이 없는 것이 문제였다. 이 문제를 해결하기 위해 수시로 Can Meeting을 하고, 팀원들이 함께 협의하여 공통된 형식을 정립해 나갔다.

이러한 과정을 거쳐 CIM 개발 · 운영팀의 APC(Advanced Process Control) Solution Pack은 차츰 그 윤곽을 드러냈다. 팀원들 모두 업무 시간이 끝난 후에도 시간을 쪼개 가며 작업에 열성을 다한 결과

---

13) APC(Advanced Process Control): Advanced Process Control의 약어로서, CIM 중 공정 제어에 해당하는 소프트웨어이며, 전통적인 공정 제어의 한계성을 극복하기 위한 각종 제어 방식을 통칭하는 말.

였다. 얼마나 열심히 Solution Pack 개발에 노력을 기울였는지는 이 팀의 김경태 부장이 전하는 에피소드만으로도 짐작할 수 있다.

"Solution Pack이 거의 완성되어 갈 무렵, 본사에서 KM 추진팀과의 미팅이 있었습니다. 실은 제가 올라가서 만나야 할 일이었는데, 마침 감기 몸살이 심해서 꼼짝할 수 없었습니다. 정해진 시간 내에 일을 끝내려다 보니 열흘 가까이나 밤을 새게 되었는데, 어디 몸이 견디어 내겠어요? 하는 수 없이 함께 콘텐츠 개발을 담당하던 후배 사원을 대신 보냈죠. 그런 다음에 전화와 메일을 통해 제 의견을 전달하곤 했답니다."

이 모든 어려움을 극복할 수 있었던 건 뚜렷한 비전뿐 아니라 모든 팀원들의 적극적인 관심 아래 실시된 활발한 Can Meeting으로 공감대를 형성했기 때문이었다. KM을 활용하고 유지, 발전시키는 것은 어느 개인의 힘이 아닌 구성원 모두의 노력에 따른 것이었다.

구성원들의 자발적인 참여 유도

새로운 경영 기법을 적용하기로 결정하고 팀장이 아무리 주도면밀하게 추진해 보았자 구성원들이 자발적으로 참여하지 않으면 아무 소용이 없다. 각자 다른 가치관과 생각을 가진 팀원들을 긍정적인 방향으로 이끌어 주는 팀장의 주도도 필요하지만, 더욱 중요한 것은 각 개인이 KM 활동의 필요성을 스스로 인식하여 자발적이고 적극적으로 노력해야 한다는 점이다. CIM 개발·운영팀은 이러한 부분에서 팀의 비전에 대한 공감대가 팀원 전체에게 형성되어 있었고 개인의 비전이 잘 맞아떨어졌고, 바로 이 점이 KM을 성공적으로 추진할 수 있었던 열쇠가 되었다고 볼 수 있다.

팀장의 적극적인 관심이 필수

특히 팀 단위의 KM 활동에 있어서 팀장의 역할은 그 무엇보다도 중요하다. CIM 개발·운영팀의 KM 활동이 성공적으로 운영될 수 있었던 배경 중에는 팀장의 지속적인 관심과 참여, 피드백이 가장 컸다. 팀 내 KM 활동의 성패를 좌우한다고도 볼 수 있는 팀장의 Lead/Help/Check는 아무리 강조해도 지나침이 없는 부분일 것이다.

보는 것이 믿는 것

이렇게 개발된 CIM APC Solution Pack은 내부의 경험과 지식을 형식지화해서 팀의 업무 효율에 기여했다는 측면과 함께 지식 기반 사업 수행에 미친 영향도 컸다. CIM APC Solution Pack을 활용한 기술 서비스 사업의 주요 경쟁 업체는 미국, 일본 등 선진국의 일류 기업들이었다. 이들 업체는 APC 소프트웨어를 개발한 노하우와 기술 서비스 사업 수행 경험을 보유하고 있는 것이 강점이었으나, SK는 이 기술을 공장에 적용하여 가장 실천적인 경험과 지식을 가지고 있다는 것이 강점이었다. 그리고 기술 서비스에 이 지식을 곧바로 활용할 수 있도록 Package화한 Solution Pack을 보유하게 되었다.

시장 인지도와 사업 수행 경험이 부족한 상황에서 눈에 보이지 않는 기술을 이용하여 고객에게 마케팅을 할 경우 시간과 노력이 많이 소요될 뿐 아니라 선진국의 일류 기업들과의 경쟁에서 이기기는 더더욱 어렵다. 그러나 보유한 기술을 고객의 입맛에 딱 맞게 보여 줄 수 있다면 이를 극복할 수 있다고 믿었다. 이것이 CIM APC Solution Pack이었고, 기술을 적용한 경험과 검증된 현장까지 보유하고 있어 충분한 경쟁력을 가질 수 있었다.

KM은 업무 수행 방식을 원활하게 한다

팀의 핵심지식 정리, Solution Pack 개발 등을 통해 KM 활동이 정착된 후, 습관처럼 당연시했던 일상적인 업무 수행 방식도 바꾸어 보기로 했다. 팀원들은 가장 비효율적인 업무로 정기적인 업무보고 회의를 들었다. 당시의 업무보고 회의는 팀원 전체가 모여서 팀장에게 일방적으로 보고하는 형태로 진행됨으로써 많은 시간이 소요됨에도 불구하고 토의나 질의, 응답이 어려운 실정이었다. 이런 일상적인 업무 보고를 KM 시스템을 이용하여 온라인으로 실시하고, 팀원 간 협의나 아이디어가 필요한 경우 별도의 회의를 소집하는 방식으로 바꾸었다고 한다.

이렇게 초기의 시행착오 과정을 통해 끊임없이 팀의 업무 방식과 지식 관리 방법을 개선하여 KM이 정착되었고, 이를 팀의 비전과 맞추어 꾸준히 발전시켜 나가고 있다.

CIM 운영 · 개발팀의 김경태 부장은 사람의 머릿속에만 들어 있던 지식들을 이제 밖으로 꺼내 함께 공유해야 한다는 걸 깨달았으며, KM을 활용한 결과 업무의 효율과 지식의 질이 한결 높아졌다고 말했다. CIM 운영 · 개발팀원들은 모두 이제 머릿속 지식을 체계적으로 정리하여 나누는 일을 더 이상 늦춰서는 안 될 때임을 절실히 느끼고 있다.

11
잠자는 지식을 깨워라

기술팀

조직이 보유한 핵심지식과 경험의 Package화

업무 수행에 있어서 CoP 활용은 필수적이다. 이를 통해 실제 생산 공정을 운전하며 20년 이상에 걸쳐 해당팀이 체득한 공정 설계에 대한 지식과 경험을 Solution Pack으로 체계화하여 내부의 업무 효율 향상과 사외 기술 사업이라는 일거양득의 효과를 얻은 사례이다.

SK 주식회사 울산 Complex를 방문하면 가장 먼저 눈에 들어오는 것이 거대한 제품 저장 탱크와 복잡한 파이프로 이어진 설비들, 드문드문 서 있는 건물들이다. 그러나 정작 직원들의 모습은 거의 보이지 않는다. 생태 공원을 연상케 할 만큼 잘 꾸며져 있는 조경 시설 속에서 울산 공단의 모습은 무척 평온하고 한가해 보인다.

그러나 건물 내부의 사정은 그렇지 않다. 정전기로 인한 사고를 방지할 수 있도록 특별 제작된 파란 상의와 청바지를 일률적으로 갖추어 입은 울산 Complex의 직원들은 각자의 업무에 몰두하고 있다. 이렇게 원활하게 가동되는 거대한 생산 공정 뒤에는 전체 생산 시스템을 조작하여 제품을 생산하는 사람들, 생산이 원활하게 이루어질 수 있도록 기술설비 분야에서 제 몫을 다하는 사람들이 있기 때문이다.

생산 공정에 대한 설계 업무를 담당하고 있는 기술팀은 새로운 공장을 건설할 때 생산 공정의 설계에 대한 기술 검토와 이미 건설되어 운영 중인 공장의 개선, 문제 해결시 공정 설계와 관련된 기술을 검토하는 역할을 맡고 있는 곳이다.

건장한 체격에 활동적인 푸른색 복장을 갖춘 기술팀 직원들은 하나같이 건실함의 표본으로 비칠 정도였다. 기술팀원들의 성실한 이미지처럼 그들의 지식 역시 한 장 한 장의 벽돌을 쌓아 올리듯 체계화되어 있었다. 이러한 기술팀의 오랜 노력과 땀방울들은 Process Design Solution Package 안에 고스란히 담겨져 있었던 것이다.

Intangible Asset의 체계화

공정을 설계하고 공정의 효율성을 검토해 온 시간들이 길었던 만큼 기술팀에는 업무를 통해 습득한 노하우도 다량 축적되어 있었다. 2000년 전사적인 KM이 실시되면서 기술팀은 부서 전체에 흩어져 있는 파일들과 개인이 보유한 지식들을 KM 시스템에 차근차근 올려 나가기 시작했다. 처음에는 무엇을 만들겠다는 의도보다는 개인의 머리와 문서함 등에 분산된 상태로 보유하고 있던 무형 자산들을 하나로 통합하여 KM 시스템 내에서 분류하고 체계화해야겠다는 생각이 우선이었다.

그러다가 팀의 장기적인 생존 전략인 'To Be Model'을 수립하는 과정에서 그 동안 조직 내에 쌓여 있는 지식을 Package화해 보자는 의견이 도출되었다. 기술팀은 지난 20년간의 공정 설계 업무 과정을 통해 습득한 노하우와 그 동안 정리해 두었던 지식들, 그리고 최신 기술 정보를 보유하고 있었다. 이를 체계적으로 Package화하여 팀 내 구성원들뿐만 아니라 다른 팀의 구성원들도 쉽게 공정 설계를 접하고 업무의 처음부터 끝까지 스스로 수행할 수 있는 '공정 설계의 원스탑 서비스'로 정리해 보자는 생각이었다. 이렇게 시작한 것이 Process Design Solution Package였다.

Sound, Optimum, Speedy

공정 설계 기술에 대한 지식 Package를 만들되 그것이 업무와 동떨어져 있다면 시작하지 않느니만 못할 것이었다. Process Design Solution Package 개발로서 공정 설계 기술을 체계적으로 정립하여 공정설계에 대한 지식 인프라를 구축하고, 이를 활용하여 설계 성과품의 품질 확보는 물론 신입 사원이나 전입 사원의 OJT 자료로 유용하게 활용되는 Package가 되어야 했다.

드디어 2002년 4월, 제작에 들어간 Solution Pack은 기술팀의 슬로건인 Sound, Optimum, Speedy라는 Mind를 그대로 이어 2002년 10월에야 빛을 보게 되었다. 근 6개월 만의 성과였다.

기업 가치의 극대화

무형 자산이었던 경험과 노하우 등의 지식을 유형화하고 그것을 공유할 수 있는 체계를 갖추기 위한 일환에서 시작된 작업은 기술팀에 많은 성과를 가져다 주었다. CD 한 장에 정리된 Solution Pack은 기술팀의 모든 업무를 집대성한 수준이 되었고, 업무 효율을 극대화시키는 데 없어서는 안 될 정도의 역할을 하게 되었다. 업무 시간 단축은 물론이고 표준화를 통해 설계 오류를 사전에 방지할 수 있게 되었으며, 또한 엔지니어링 전문가 수준으로 개인의 능력이 향상된 것은 물론 Solution Pack의 확보로 인해 기술팀의 경쟁력도 향상되었다.

'최적의 공정 설계'. 이는 이제 기술팀이 자랑스럽게 내세울 수 있는 말이 되었다. 향상된 공정 설계 기술로 전문성이 확보되었고, 생산 기술 사업 웹 사이트 등을 통해 회사의 이러한 기술력을 사외에 홍보하여 대외 이미지를 개선할 수 있었다. SK의 경영 이념인 '기업 가치 극대화'의 일익을 담당하게 된 것이다.

사외 기술 교육 실시를 통한 수익 창출도 Solution Pack의 또 다른 성과였다. SK에서 사외 고객을 대상으로 실시하고 있는 기술 교육 사업에 공정 설계 과정을 개설한 후, Process Design Solution Pack의 내용을 바탕으로 기술 교육 자료를 만들고 이를 통해 기술팀원들 스스로 사회의 전문가들에게 공정 설계에 대한 기술 교육을 해 나갈 수 있게 되었다. 이러한 기술 사업을 통한 수익성 증대는 앞으로도 계속 이어질 것이다.

과정은 다소 번거롭고 힘들었지만 팀의 슬로건처럼 빠르고, 내실 있고, 최적화된 설계가 가능하도록 만들어진 Solution Pack이었다. 그 결과 지금은 CD 한 장으로 업무에 대해 스스로 학습할 수 있고, 업무 그 자체도 추진할 수 있게 되어 이전보다 편해졌다며 기술팀원들은 Solution Pack 개발에 대한 뿌듯함을 표시했다.

CoP는 필수 항목이다

물론 이 모든 성과가 어느 날 갑자기 이루어진 것은 아니었다. Solution Pack 개발을 위해 CoP 활동 등 KM을 적극 실천했던 기술 팀원들의 노력이 있었기에 가능한 일이었다.

기술팀에는 5개의 CoP가 활동 중이었다. CoP는 각 공정별로 나뉘어 각 그룹의 특성에 맞도록 적절한 기술을 검토하거나 새로운 내용을 소개 및 공유하고 있었다. 팀 전체가 함께 공유해야 할 지식은 팀원 전체가 속해 있는 팀룸 CoP 내에 따로 등재하는 형식을 취했다.

이와 같은 CoP 활동을 통해 공정 기술 전반에 대한 의견을 교환하면서부터 KM 실시 전보다 훨씬 원활한 커뮤니케이션이 이루어질 수 있었다는 것이 기술팀의 전반적인 의견이었다.

"요즘에는 공문이든 결재 서류든 KM 시스템으로 처리할 수 있어서 아주 편해졌어요. 회의도 그래요. 오프라인 상의 회의에서는 서로의 의견이 충돌하면 목소리만 커져서 의견 조율이 힘들었는데, CoP를 통하니까 의견 교환도 쉽고 여러 생각들을 공유할 수 있어서 팀원들도 아주 좋아해요. 회의 시간이 줄어서 그만큼 시간 여유도 생겼구요."

기술팀의 박근수 부장은 CoP 내에서 이루어지는 커뮤니케이션의 이점을 강조하며 CoP의 효과를 역설했다.

Solution Pack 개발에 돌입하면서 CoP의 필요성이 더욱 증가한 것은 당연했다. 평상시에도 다양하게 활용해 오던 것이었지만 Project를 수행하는 데 있어 의견 교환이나 정보의 창으로서의 역할을 톡톡히 수행할 수 있는 것이 바로 CoP였기 때문이다. 기술팀에서 이제 CoP는 팀원 한 사람 한 사람을 이어 주는 지식 공유의 매개체로서 자리를 잡고 있었다.

지식은 새롭게 거듭나야 한다

십 수년간 공정 설계와 기술 지원 업무를 수행하면서 많은 전문 지식과 노하우를 확보했지만, 지금까지의 지식은 단지 서랍 속이나 개인의 머릿속에서 잠자고 있을 뿐이었다. 이러한 지식들을 꺼내서 정제하여 만들어진 Solution Pack을 통해 기술팀원들은 지식을 모으면 매우 유용한 상품이 될 수 있다는 것을 깨달을 수 있었다.

지식 상품은 만드는 것보다 지속적인 관리가 더 중요하다. 기술팀은 새로운 지식을 등록하거나 기존 지식이 반복됐다 싶은 경우 언제든 재개정이 가능하도록 시스템 관리에 신경을 쓸 것이라고 했다. 각 항목별로 담당자를 정해 맡은 지식을 정제하는 일을 게을리 하지 않는다면 지식의 축적은 지속적으로 확장될 수 있다는 것이 그들의 생각이다.

업무는 단축되고 시간은 늘어난다

기술팀원들은 그 동안의 지식들을 모두 Package화하는 바람에 KM에 등재할 지식이 없다고 엄살을 부렸다. 그러면서 새로운 업무, 새로운 사례에 맞춘 지식을 확보하기 위해 노력 중이라고 했다.

그들에게 KM이란 업무와 동일한 것이었다. 업무에 도움이 되는 것은 기본이며, KM의 가장 큰 장점은 체계적으로 정리된 지식과 과거의 경험을 시스템을 통해 쉽고 빠르게 찾아내어 문제 해결 과정을 단축시키는 데 있다고 했다. KM 시스템을 활용하면 할수록 그만큼 여분의 시간이 생긴다는 것이다. KM으로 인해 업무 외의 시간을 풍요롭게 활용할 수 있다면 KM은 성공한 것이라는 생각이었다.

박근수 부장은 여유 시간을 만들어 내는 KM 활성화를 위해 기술팀 자체 이벤트를 조만간 실시할 계획이라고 했다. KM의 장점을 팀원들 스스로가 느낄 수 있도록 하는 게 우선이었다. CoP, K-Base, Best Practice 등 각 영역별로 등재한 지식 건수에 대한 포상과 더불어 획기적인 아이디어를 선정해 지원하겠다는 것이 박 부장의 생각이었다. 그러면서 KM 시스템을 활용한 지식 공유로 기술력을 향상시켜 업무 성과에 직접 기여할 수 있도록 연계하겠다는 포부를 내세웠다. 박 부장은 그 일환으로 연말 개인 업무 평가시, KM을 통한 업무 수행도를 반영할 계획도 가지고 있었다. KM을 통해 업무 능력을 인정받는 분위기를 조성해 나가겠다는 생각이었다.

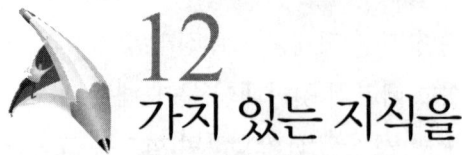

12
가치 있는 지식을 만들자

안전 · 환경 · 보건팀

새로 도입된 기술의 지식자산화와 전문가 양성

안전과 환경에 대한 사회적인 관심과 요구가 날로 커지고 있다. 이제 이와 관련된 새로운 기술과 관리 기법을 신속히 도입하고, 이를 실행할 전문가를 키워야 할 때이다. 이처럼 급격히 변화하는 환경에서는 끊임없이 새로운 것을 습득하여 실천하는 기업만이 경쟁력을 기를 수 있다. 안전 · 환경 · 보건팀이 만들어 낸 위험성 평가 Solution Pack은 이러한 지식들을 모든 구성원이 습득하고 실행할 수 있도록 전략적으로 정리한 지식의 집합체이다.

SK의 울산 Complex는 규모나 시설 면에서 마치 하나의 작은 도시와 같았다. 사회의 최소 단위인 가족 집단에서도 많은 사건과 사고들이 속출하게 마련인데, 하물며 울산 Complex처럼 사고가 일어날 수 있는 가능성이 상존하는 거대한 공장의 경우, 안전을 종합 관리하는 부서가 존재해야 함은 당연한 일이다.

안전 · 환경 · 보건팀은 매우 높은 압력과 온도, 그리고 위험한 화학 물질을 다루는 석유화학 공장의 특성에 부합하도록 내부 근로자들에 대한 안전을 책임지는 역할을 맡고 있었다. 게다가 이제는 수행해야 할 범위를 넓혀 안전뿐만 아니라 폐수 처리, 직업병, 건강 보건 등 환경과 보건 분야까지도 함께 책임지게 되었다.

무엇보다 사고 예방이 팀의 핵심 과제였다. 이를 위해 SK 주식회사는 1993년부터 PSM(Process Safety Management)을 도입하여 울산 Complex 전 공정과 신규 공정에 대한 위험성 평가(Hazard Evaluation)를 수행해 왔다. 안전·환경·보건팀원들은 지속적으로 이어질 위험성 평가에 대한 경비 절감을 위해 축적된 지식을 활용해야겠다는 생각을 하게 되었고, 이러한 생각은 Solution Pack 개발에까지 이어졌다.

지식의 자산화와 전문가 양성이 필요하다

1980년대 말부터 1990년대 초까지 울산 Complex는 한국의 정유와 석유화학산업 성장세의 중심에 서 있었고, 그만큼 신규 사업도 활발하게 추진되고 있었다. 그러나 새로운 사업을 위한 공정이 자주 생기다 보니 그에 따르는 크고 작은 사고도 잦을 수밖에 없었다. 사고의 규모에 비해 그다지 큰 피해를 본 경우는 없었지만, 한 번의 사고에서 빚어지는 여파는 작지 않았기 때문에 속수무책으로 방관할 수는 없었다. 어떻게든 사고를 예방하고 피해를 줄일 수 있는 방안을 모색해야 했다.

이에 효율적이고 철저한 안전 관리 시스템에 대한 필요성을 절실히 느끼게 되었고, 1993년부터는 PSM을 도입하여 1999년까지 울산 Complex 전 공정에 대한 위험성 평가를 수행하게 되었다. 하지만 외부의 전문 업체를 통해서만 위험성 평가가 이루어지다 보니 PSM에 대한 지식을 보유하고 있는 내부 전문가는 부족할 수밖에 없었다. 외부 업체에만 의지하게 되면 어쩔 수 없이 용역비를 지출하게 되는 것은 물론 내부 지식의 축적도 더디어질 것이 분명했다. 이에 안전·환경·보건팀은 위험성 평가 기술과 관리 기법에 대한 체계적인 정리와 함께 전문가 양성이 이루어져야 한다는 것을 깨닫기 시작했다.

늦었다고 생각할 때가 가장 빠른 때

위험성 평가에 대한 내부 전문가를 양성하기 위해서는 우선 외부 전문 업체와 함께 수행해 왔던 경험과 전문 지식의 체계적인 정리가 선행되어야 했다. 즉, 각 공정과 평가 기술의 유형별 수행 자료를 정리해야만 했던 것이다.

그러나 매해마다 위험성 평가를 수행함에 따라 문서화된 자료들은 늘어 갔지만, 기존 업무에 쫓기다 보니 정보 정리란 엄두도 못 내는 실정이었다. 그러다 보니 정보의 양은 늘어도, 그것은 지식이 아니라 잔뜩 쌓인 종이 더미에 불과했다. 이 방대한 정보를 정리하는 일은 결코 녹록하게 보이지 않았다. 하지만 늦었다고 생각한 때가 가장 빠른 때였다.

KM은 실무와 학습의 장

안전·환경·보건팀의 KM은 시작부터 난관에 부딪혔다. 위험성 평가 Solution Pack 개발을 담당할 팀을 구성하였는데, 리더는 해당 분야에 경험이 풍부한 임종우 부장이 맡았으나, 실무 담당자는 신입 사원 2명으로 구성하게 되었다. 신입 사원들은 회사 분위기 파악과 담당 업무를 다루는 데에도 아직 서툰지라 회사가 독자적으로 추진하는 KM 앞에서는 더더욱 어리둥절할 수밖에 없었다.

그러나 새로운 업무를 배우면서 그에 대한 지식과 경험을 수집하고 편집하는 일 자체가 KM을 실천하는 일이었다. 업무와 KM은 동떨어져서는 안 된다. 전체 업무의 기반이 곧 KM이 되어야 한다. 이러한 문화를 만드는 것이 위험성 평가에 대한 Solution Pack 개발을 효율적으로 추진해 나가는 데 있어 가장 큰 관건이었다.

시작은 어려웠지만 문서함과 개인 PC, 과거 선배들의 머릿속에 산재해 있던 자료를 하나하나 정리하고 체계화하는 과정에서 신입 사원들은 오히려 더 빠르게 지식을 습득할 수 있었고 그것이 바로 업무 과정 속에 자연스럽게 녹아나는 KM의 참모습임을 깨달을 수 있었다.

책임자의 솔선수범

"조직의 리더가 관심을 갖고 직접 참여해야 한다고 생각합니다. 팀원들을 다그치면서 리더는 뒷짐만 진 채 지시만 한다면 무슨 사업이든 원활하게 굴러가기 힘들다고 봐요. 함께 움직여야 보람도 더 크지 않겠어요?"

당시 안전·환경·보건팀의 임종우 부장은 기존의 업무를 수행하는 데에도 매우 바빴고, 신입 사원이던 실무 담당자들은 일에 능숙하지 못했다. 이러한 악조건 속에서도 Solution Pack 개발을 포기하지 않았다. 그러다 보니 Solution Pack 개발 업무를 본격적으로 수행한 2개월 동안 최상의 성과품을 만들어야 한다는 중압감으로 심적, 육체적 피로감이 누적되었던 고충도 있었지만 함께 수고해 준 팀원들에게 미안함과 아울러 고마움을 느낀다고 했다.

안전은 우리가 책임진다

위험성 평가 기술에 대한 Solution Pack을 만들게 된 것은 흩어진 자료를 정리하고 체계화시키기 위한 일환이기도 했지만, 그 안에는 위험성 평가 수행을 우리 손으로 해보자는 의지도 담겨 있었다. 즉, 체계적인 자료 정리는 위험성 평가 수행을 주관할 내부 전문가 양성을 위한 것이기도 했다.

안전 · 환경 · 보건팀원 모두의 노력으로 만들어진 Solution Pack을 통해 매년 적잖은 투자를 해야 했던 외부 위험성 평가 교육비가 절감되는 유형적인 효과를 얻을 수 있었다. 또한 전문 지식을 체계화시킴으로써 업무 효율도 증대되었다. 정성적 · 정량적 평가에 대한 이론 자료가 체계적으로 정리됨에 따라 업무가 수월해졌고, 법적 요건 5년 주기의 위험성 평가를 위한 참고 자료로도 유용했다. 또한 안전 · 환경 · 보건팀 신입, 전입 사원의 OJT에도 활용할 수 있었으며, 더 나아가 울산 Complex 전 종업원을 대상으로 한 안전 교육 자료로도 사용될 수 있었다.

PSM, HAZOP(Hazard and Operability)[14]는 국내 기업 중 SK 주식회사가 가장 먼저 도입한 것이다. 따라서 동종 업계 업체들로부터 기술을 이전시켜 달라는 요청을 받게 되어 위험성 평가 Solution Pack의 활용도는 더욱 높아지게 되었다. 남보다 한발 앞선 생각과 노

---

14) HAZOP(Hazard and Operability): 1970년대 초 Imperial Chemical Industries(ICI)에 의해 개발된 기법으로서 설비 고장의 결과에 따른 심각한 안전, 환경 사고를 피하기 위해 요구되는 설비 개조 및 안전장치를 규명하기 위해 개발된 체계적인 안전 업무 절차.

력이 안전 기술 사업화라는 부분까지 끌어안을 수 있게 된 것이다.

그뿐만 아니라 위험성 평가 Solution Pack 개발 이후 해외 재보험사 Survey시 회사 안전 환경의 위상을 선전함으로써 SK 주식회사의 기업 가치를 높이는 데 기여할 수 있었다.

가치 있는 지식자산으로 변화시키자

매년 위험성 평가를 수행하면서 얻어지는 경험과 지식은 많다. 하지만 단순한 기초 자료를 얼마나 가치 있는 지식으로 변화시키느냐가 중요하다. 지식이란 사용할수록 더 커지고 풍부해지는 무한한 가능성을 가지고 있기 때문이다.

위험성 평가에 대한 경험과 지식이 내부의 업무 습관을 혁신하고 외부 수익을 창출할 수 있는 가치 있는 지식자산으로 탈바꿈하면서 나타난 시너지는 대단한 것이었다. 이제 이러한 성과들을 계속적인 개선을 통해 다시 분류하고 정제하는 노력이 이어져야 할 것이다. 끊임없이 움직이는 지식만이 또 다른 지식의 창출을 가능하게 하기 때문이다.

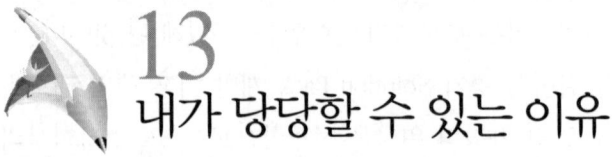

13
내가 당당할 수 있는 이유

중질유분해팀

일상화된 KM으로 최단 기간 내 Solution Pack 개발

중질유분해팀은 평상시 일상 업무를 수행하면서 CoP와 K-Base를 활용하여 지식과 경험, 외부 참고 자료 등을 체계적으로 관리해 왔다. 그러던 중 외부 고객으로부터 요청받은 기술 서비스의 수행을 위해 조직 전체의 지식 덩어리인 Solution Pack을 3개월 만에 개발하였다. 이것은 세계 굴지의 촉매 회사인 Akzo Nobel사의 경영층에도 설명하여 SK 주식회사의 높은 기술 수준과 Package화를 가능하게 한 KM Infra에 감탄하였다는 서신을 받기도 한 성공적 사례이다.

중질유분해팀은 지난 2001년 자신들의 노하우가 축적된 RFCC(Residual Fluid Catalytic Cracking) Solution Pack을 개발한 바 있다. 원유를 정제하고 남은 찌꺼기 성분을 촉매 반응시켜 가솔린을 생산하는 과정인 RFCC 공정에 대한 경험과 지식을 손바닥만한 CD에 담은 것이다. 비록 몇 그램밖에 안 되는 무게지만 팀원들은 이 CD 한 장이면 세계 어느 곳에 가더라도 당당할 수 있다고 말한다. 과연 그 안에 어떤 가치가 숨어 있기에 그런 것일까?

문제의 발견이 발전을 가져온다

중질유분해팀에서는 그 동안 축적해 온 운전 경험을 회사의 새로운 수익원으로 만들기 위해 1999년부터 RFCC와 Hydrogen 공정에 대한 기술 서비스를 외부에 제공해 왔다. O&M(Operation & Maintenance)사업팀을 통해 대만 Formosa사나 가나 TOR[15]사에 시운전 지원 인력을 파견하는 한편, O&M 사업팀에서 수시로 요청해 오는 중질유분해팀 관련 공정 설계 및 운전에 대한 질문에 지속적으로 대응해 온 것이다.

그러던 중 2000년 FCC 대정수 작업을 성공적으로 마친 후 팀의 새로운 사업을 개발하고자 생산 기술 사업의 내실화를 기치로 하여 그 동안 수행해 온 실적을 분석한 결과 몇 가지 문제점들을 발견하였다. 우선은 생산 기술 지식이 체계적으로 정리되어 있지 않아 동질의 용역 서비스가 어려웠다. 그리고 팀에서 제공하는 지식은 범위가 일정하지 않아 사업 수행시 기회 이익 손실이 많다는 점, 수많은 지식들이 걸러지지 못하고 K-Base 등과 같은 여러 곳에 산재되어 있어 용역 제공시 정확하고 신속하게 지식을 활용할 수가 없다는 점 등이 지적되었다. 이러한 몇 가지 이유들로 인해 동일한 지식에 대해 서로 다른 답변이 오가는 악순환이 반복되는 등 여러 가지 문제점들이 있는 것으로 판단되었다.

그중에서도 특히 지식이 체계화되어 있지 못하다는 점은 최근 세계적으로 빠르게 수요가 늘고 있는 RFCC 공정 생산 기술 사업의 세

---

15) 가나 TOR: 아프리카 가나의 국영석유회사인 Tema Oil Refinery.

일즈 프로모션 단계에서 가장 취약한 부분으로 작용하였다. SK의 RFCC 공정이 지금까지 무엇을, 어떻게 함으로써 고객에게 어떠한 내용 기술을 어떠한 방식으로 제공해 줄 수 있었으며, 그에 따라 고객이 누릴 수 있는 예상 이익은 얼마나 될 것이라는 등의 명확한 자료를 제시할 수 있을 만한 체계적인 지식이 없었던 것이다. 지금까지도 그래 왔으니 앞으로도 그런 식으로 해 나가면 되겠지 하는 식의 안이한 태도는 계속 문제를 악화시킬 뿐이었다. 이제는 무언가 새로운 시도가 필요했다. 이때 떠오른 것이 바로 KM이었다.

최단 기간에 완성한 Solution Pack

문제를 해결할 수 있는 유일한 방법은 그 동안 내부의 KM을 통해 축적되어 왔던 핵심적인 지식을 고객의 요구에 맞도록 Package화하는 것이라고 판단했다. 내부 업무의 효율성을 향상시키고, 사업 수행시 문제 해결 속도와 정확도를 높일 수 있는 Solution Pack의 개발이야말로 그 동안 여기저기 퍼져 있던 정보를 한곳에 모을 수 있는 방법이라 생각되었다.

이때부터 그 동안 K-Base에 등록된 RFCC 관련 기초 운전 지식 자료들을 수집하고 정제하는 작업을 수행하기 시작했다. 쇠뿔도 단김에 빼랬다고, 이왕 하기로 한 거라면 질질 끌어 봤자 다들 지치기만 하니 한 번에 시원하게 밀어붙이는 편이 낫다는 판단 아래 속전속결로 일을 추진한 결과, SK 역사상 최단 기간인 3개월 만에 Solution Pack을 완성할 수 있었다.

Solution Pack의 일등 공신 KM

2001년 6월부터 7월까지는 콘텐츠 작성을 완료하고, 8월에는 프로그래밍을 완료하였다는 이야기만 듣고 혹시 대충 제작한 거 아니냐고 반문하는 사람이 있을지 모르겠다. 하지만 RFCC Solution Pack 내의 자료 수만 해도 3,736개, 용량으로 따지면 3GB나 된다고 하니 실로 대단한 자료라 할 수 있을 것이다.

이를 위해 투입된 인력은 풀타임 엔지니어 1명과 주간 대리 3명, 그리고 CoP를 통해 참여한 파트타임 엔지니어 3명 등 모두 7명이었다.

이렇게 방대한 양의 Package를 최소의 인력으로, 최단 기간 내에 양질의 내용으로 만들어 낼 수 있었던 가장 큰 원동력은 팀원들이 자료 수집과 정리는 물론 단순한 커뮤니케이션에 이르는 모든 활동을 KM 시스템과 연계해 수행함으로써 일을 더 수월하게 처리한 데 있었다.

물론 최단 기간에 만들어진 Solution Pack이라 해도 어려움이 없지는 않았다. 지난 1996년부터 RFCC 공정을 운전하면서 축적된 무려 6년간의 지식들을 모으다 보니 그 양의 방대함이란 이루 말할 수 없었고, 그 가운데 상당히 많은 양이 전자화되어 있지 않아서 적잖은 고생을 겪기도 했다. 또한 KM 시스템에 등록되어 있는 지식들도 중복되는 내용이 많아 정리하고 걸러 내는 작업만으로도 꽤 많은 시간이 소요되었다.

그래서 생각해 낸 것이 K-Point가 가장 높은 사람에게 작업의 일부를 맡기자는 것이었다. K-Point가 높다는 것은 그만큼 KM 시스템을 많이 이용해 보았다는 이야기이고, 그렇다면 남들보다는 많이 알고 있을 것이 분명하기 때문이었다. 그들이 이 일을 맡게 된 건 순전히 'K-Point가 높은 죄' 때문이라고 할 수 있었다. 그들은 이미 있던 CoP에서 자료를 뽑고, 일부는 올리지 못한 자료에서 뽑기도 하는 등 여러 곳에서 자료를 모아 결국은 완성된 Package 형태로 만들어 냈다.

SK 주식회사 KM 시스템에 대한 외국 기업의 찬사

Solution Pack은 여러 측면에서 그 성과를 판단할 수 있다. 먼저 RFCC 관련 핵심지식을 Package화하여 정리함으로써 RFCC 생산 기술 사업 등으로 인한 인력 공백을 채우는 역할을 수행, 전문가 부재 시에도 내부 업무를 효율적으로 수행할 수 있는 기반을 마련해 주었다.

그런가 하면 생산 기술 사업 마케팅시 SK의 RFCC 공정을 한눈에 보여 줄 수 있는 Package를 개발함으로써 더욱 효율적이고 적극적인 마케팅을 할 수 있게 되어 RFCC 공정의 판촉 효과를 극대화할 수 있었다. 특히 이 Solution Pack을 세계 최대의 RFCC 촉매 공급사인 Akzo Nobel사에 소개한 결과, 구성이나 내용 면에서 충분히 상품 가치가 있다는 평과 함께 이러한 지식을 이렇게 빨리 Package화 할 수 있는 SK 주식회사의 KM 시스템에 대해 많은 관심과 찬사를 보낸다는 메시지를 받기도 하였다.

회사에서는 중질유분해팀이 Solution Pack과 함께 개발한 SK 주식회사 RFCC 웹 사이트의 배너 광고를 자사 홈페이지에 삽입하여 전 세계 RFCC 관련 업계 종사자들에게도 홍보하게 되었다. 가만히 앉아 있어도 절로 광고 효과를 얻게 된 셈이다.

이렇게 회사의 기술과 지식을 모아 완성된 형태의 제품을 만듦으로써 지적 자산의 불법 유출도 막을 수 있게 되었다. Solution Pack에 사용자 제한 기능을 부여함으로써 예전처럼 여러 경로를 통해 사내 지식이 불법 유출되지 못하도록 체계화한 것이다. 또한 관련된 지식을 항목별로 정제해서 Package화함으로써 서비스 범위에 대한 구분이 이전보다 훨씬 확실해졌다. 따라서 용역 수행 계약시에도 지식의 항목별 계약 체결에 따른 서비스의 범위가 명확해지게 되었다.

체계화된 지식이 수익을 창출한다

그 밖에도 해외 파견 근무자의 업무 편의성 확보에도 도움을 주었다. 가나의 TOR사를 대상으로 한 OTS(Operator Training Simulator) 교육 및 최근 출국한 SK 주식회사의 운전 지원 인력들은 RFCC Solution Pack을 기준으로 용역 서비스를 수행하고 있으며, 모든 지원 업무가 Solution Pack 안에서 이루어질 수 있는 환경이 조성되었다. 따라서 과거와 같이 많은 분량의 자료를 짊어지고 다닐 필요가 없게 되었고, 인터넷 시설이 취약한 아프리카 가나와 같은 나라에서도 오프라인으로 신속하고 정확하게 해당 지식을 찾아 활용할 수 있게 되었다. 일이 이렇게 되고 보니 이 Solution Pack을 본 적 있는 외국 기업에서 다른 외국 기업에게 이를 홍보하는 경우가 생기기도 했다.

또 다른 에피소드는 이 Solution Pack이 만들어진 이후의 사람들의 태도였다.

"요즘은 업무 때문에 외부 업체들과 세미나를 할 때 잠시 휴식을 취할 틈도 없습니다. 하도 사람들이 몰려들어서 커피 한 잔 마음 놓고 마시기가 힘들게 됐어요. 우리 팀의 Solution Pack을 몇 번 본 사람들은 상당히 큰 관심을 가지더라구요. 머릿속에 든 지식도 중요하지만, 그것이 체계적으로 정리되어 눈앞에 보여지자 더 신뢰감이 들고 대단하게 느껴지나 봐요. 이제는 세계무대에도 더 당당하게 나갈 수 있다는 자신감이 생깁니다."

많이 보고 많이 배워라

처음 Solution Pack을 만들 때는 사실 어떻게 해야 할지 잘 모르는 부분 때문에 고민도 많이 했었다고 한다. 이런 상황에서 가장 도움이 되었던 것 중 하나는 이미 만들어진 다른 팀의 완성품을 참고하는 것이었다. 전사 차원으로 가장 먼저 만들어졌던 CIM 개발·운영팀과 합성수지생산팀의 Solution Pack이 많은 참고가 되었다고 한다. 이처럼 모델이 될 만한 것들을 많이 보면 상당한 도움이 될 수 있을 것이다.

고객의 입장에서 생각하라

중질유분해팀 같은 경우에는 국내 수요는 별로 없는 대신 대부분의 수요가 외국 기업들이었기 때문에 이에 맞추어 내용을 영어로 동시 제작하였다. 해외 기업을 상대로 일을 해야 하는 경우 이 부분까지 미리 염두에 두어 제작해야지만 질 높은 완성품을 만들 수 있다. 각 팀의 업무 특성과 그에 따른 고객의 특성을 잘 살펴 제품 개발에 임하는 것도 시행착오를 상당 부분 줄일 수 있는 방법이다.

작은 것도 소중히 여기는 자세가 필요하다

RFCC Solution Pack의 콘텐츠 맵을 보면 Operation Tips라는 항목이 있다. 여기에는 패키지화된 것 외에 일종의 데이터 상태의 자료들, 즉 보완이 필요한 정보들이 포함되어 있다. 이것은 언뜻 보기에 별로 중요하지 않은 것처럼 여겨질 수 있으나, 의외로 많은 활용의 여지가 있다. 이처럼 별로 중요해 보이지 않은 지식이라 할지라도 쉽게 버리거나 없애지 말고 활용 방안을 생각해 본다면 한 단계 나은 Solution Pack을 만드는 데 기여할 수 있을 것이다.

지식의 보고로서의 KM

KM을 추진하고 Solution Pack을 개발한 후 팀원들은 KM 시스템을 활용한 업무 효율의 극대화를 경험했다. Solution Pack 개발이 시급한 상황에서 K-Base에 있는 우수한 지식들을 활용해 Package화함으로써 자료 수집 시간이 훨씬 절약되었고, CoP를 활용함으로써 효과적인 커뮤니케이션이 가능하게 되었다. 결과적으로 앞서 이야기한 것처럼 단시간 내에 RFCC Solution Pack을 개발할 수 있게 되어 생산 기술 사업의 마케팅에 활용할 수 있는 지식 상품을 보유할 수 있게 되었으며, 이는 그 동안 전사적으로 추진되어 온 KM 시스템의 효과를 한 번에 체험할 수 있는 기회가 되었다.

Solution Pack 개발 단계 및 내용을 본 외국 기업들은 SK의 전 구성원이 참여하는 KM 시스템에 대해 감탄했다. 이를 통해 사내 경영 체계에 대한 자신감을 느낄 수 있었고, 그 우수성에 대해 새롭게 실감할 수 있는 계기가 되었다. 그리고 향후 이를 더욱 발전시켜 지식

기반의 새로운 수익 사업을 다각적으로 개발해야겠다는 각오를 다시게 되었다.

그리고 그 동안 쌓아 온 경험 지식들을 새롭게 정리하면서 내부에 산재되어 있는 지식의 다양함과 깊은 수준에 새삼 놀라움을 느꼈으며, 회사가 추진하고 있는 KM이야말로 지식의 보고이며 신규 수익 사업의 원천이 될 것임을 확신하게 되었다. 앞으로도 지속적으로 K-Base에 등록되는 우수 지식들을 발굴하는 데 노력하고 사소한 지식이라도 모으고 다듬기를 게을리 하지 않는다면 양질의 지식 상품이 될 수 있다는 것을 깨달을 수 있었다.

14
경험을 통해 얻은 지식의 열매

석유화학생산팀

분임조 활동과 지식경영의 상관관계

생산 현장의 문제점을 해결하기 위한 것으로 분임조 활동보다 더 탁월한 선택은 없다. CoP를 활용함으로써 문제 해결을 위한 학습과 토론이 활발해지고, K-Base의 검색으로 다른 생산 현장의 사례를 참고할 수 있다. 문제를 해결한 후에는 그 과정을 잘 정리하여 또 다른 사내 임직원들이 활용할 수 있도록 K-Base에 올려놓는 것, 이것이 생산 현장에서 이루어지는 분임조 활동을 통한 지식경영의 방법이다.

4조 3교대 근무제로 인해 요즘은 아침 근무를 하느라 오후 3시가 퇴근 시각인 석유화학생산팀의 서종현 대리. 정식 업무 시간은 끝났지만 서 대리는 오늘도 KM 시스템 방문을 거르지 않았다. 이제 KM 시스템 활용은 과외로 부과된 일이 아니라 업무의 연장선상에서 이루어지는 일이 되었다. 새로 올려진 정보를 습득하고 내가 얻은 정보를 등록하는 습관이 몸에 배어 버린 것이다.

석유화학생산팀은 화학 산업의 원료가 되는 에틸렌과 프로필렌, 용제, 벤젠, 톨루엔, 자일렌 등의 올레핀과 아로마틱 계통의 유화 제품을 생산하는 팀이다. 현장에서 제품을 생산하고, 별도의 조정실에서 공정을 운전하며, 현장의 생산 설비를 점검하는 일이 바로 석유화학생산팀이 담당하고 있는 업무이다.

그중에서도 서종현 대리가 근무하고 있는 PX 공장은 파라자일렌을 생산하는 곳이다. 이곳은 제품을 만들기 위해 365일 생산 설비를 가동해야 하므로 서종현 대리를 비롯한 현장 운전원 50여 명이 4조 3교대로 나누어 원활한 제품 생산이 이루어지도록 하고 있었다.

생산 현장에서 직접 공정을 운전하고 관리하다 보면 뜻하지 않은 문제들과 부딪치게 된다. 정확한 수치에 따라 빈틈없이 만들어진 기계라 할지라도 실제 가동 단계에서는 얼마든지 예기치 않은 문제가 발생할 수 있는 것이다. 그렇기 때문에 현장 업무를 직접적으로 담당하는 근무자들의 역할이 무엇보다도 중요하며, 문제 발생 지점부터 해결까지 그들의 손과 발이 기억하는 것들이 곧 팀 내 운전원들의 노하우인 셈이다.

그러나 KM 시스템을 이용하기 전에는 하나의 문제가 발생할 때마다 급한 불만 끄고 마는 식의 일회적인 대처에만 급급했었다. 따라서 같은 문제점이 다시 불거지거나 비슷한 경우가 발생해도 이전의 노하우는 이미 없어져 버린 경우가 허다했다.

하지만 이제 석유화학생산팀원들의 자세가 근본적으로 달라지고 있다. KM의 덕을 톡톡히 보게 되면서 자발적인 참여도도 높아지고 있는 것이다.

KM 시스템에서 만난 공동의 문제 해결

사람도 때맞추어 건강 검진을 해주어야 하듯 현장 내 공정도 오래 사용하다 보면 정기적인 정비 보수가 필요한 법이다. 이를 위해 정기 보수 작업 주기라는 것이 있는데, 비상시에 이루어지는 경우를 제외하고는 대개 3년 주기로 특정 기간을 정해 정기 보수 작업에 들어가게 된다.

2001년에 정기 보수 작업 주기 3년을 달성하고 난 후, 정기 보수 주기를 4년으로 연장하기 위해 핵심 설비인 가열로 정비 작업시 가열로 내부의 손상된 내화재 보수와 연료가스 분사노즐(Fuel Gas Tip)을 보수 교체하였다. 그런데 보완 작업을 끝낸 후 얼마 지나지 않아 그 부분에서 다시 문제가 발생했다. 난감한 일이 아닐 수 없었다. 하지만 해결이 급선무였으므로 모두들 서둘러 현황 파악에 나섰다.

문제는 연료가스 분사노즐이었다. 그러나 연료가스 분사노즐을 전량 교체해도 문제는 다시 발생했다. 그로 인해 연료가스 압력이 상승되고, 연료가스 분사노즐을 자주 교체하다 보니 불필요한 수리비만 늘어날 뿐이었다. 게다가 원인 규명이 되지 않아 현장 운전원의 업무만 가중시키고 있는 상태였다.

알고 보니 문제가 도출된 경우는 이번이 처음이 아니었다. KM 시스템에 등재된 과거 사례를 살펴보니 가열로 운전의 문제점은 이미 팀 내에서 공정 현안의 문제점으로 제시되어 있었으며, 여전히 풀지 못한 숙제로 남아 있었다.

K-Base를 활용한 지식의 재생산

여러 가지 문제 중에서도 연료유 연소시 코크가 생성되는 문제를 해결하는 일이 시급했다. 문제 해결을 위해 K-Base를 참조하고 아이디어를 짜낸 끝에 연료 오일 분사노즐의 탑재 길이에 문제가 있다는 사실을 발견할 수 있었다. 팀원들은 길이를 연장하기 위한 배관을 설치하여 마침내 문제를 해결했고, 그 후로는 코크가 생성되지 않아 현장 운전원의 업무 부담이 감소될 수 있었다.

두 번째로 해결해야 할 과제는 연료가스 분사노즐의 마모와 막힘 현상이었다. 점검 결과 연료 오일용 버너에 연료가스용 분사노즐이 노출되어 운전되고 있음을 발견할 수 있었다. 분사노즐을 탈착하여 다시 장착해야만 하는 상황이었다.

그러나 설비 운전 중의 작업은 결코 쉬운 일이 아니었다. CoP 구성원과 장치 팀 작업 담당자가 협의함으로써 노하우가 첨부된 작업 방법과 절차를 작성하여 운전 중인 가열로의 연료가스 분사노즐 교체 작업을 수행할 수 있었다. 그 결과 불꽃의 모습이 정상적으로 나타났고 그 동안 높게 유지되었던 연료가스의 압력이 감소하여 필요한 열량을 충분히 공급할 수 있는 운전 상태가 되었다.

다음은 가열로 내부 불꽃의 치우침 현상을 해결해야 했다. 이 경우는 K-Base에 등록된 사례가 없었다. 대신 가열로 전문 CoP에 등록되어 있는 설비 운전 조건이 좋은 경우의 불꽃 사진을 찾아냈다. 이것을 참고로 하여 문제가 발생한 현재 모양과 비교해 본 결과 혼용 원소가 주원인이었음을 찾아냈으며, 그 원인을 제거하여 정상적인 운전으로 설비의 안정화를 추구할 수 있었다.

지식은 또 다른 지식을 양산한다

KM 시스템을 통해 오랫동안 골치를 앓고 있던 여러 가지 문제점들이 해결되었지만, 완전한 설비 운전이 이루어지기에는 무언가 미진한 감이 남아 있었다.

대강의 문제점들이 해결되었다고 생각하던 차에 운전 모니터로 측정하는 12개 지점의 튜브 온도 중 5개 지점이 설계 기준에 비해 높게 나타나는 것으로 관찰되었다. 그 원인을 찾아본 결과 이전에 해결했다고 생각했던 불꽃의 치우침 현상이 아직 해결되지 않았고, 특정한 버너에서 과도하게 연소되고 있음을 알게 되었다. 이에 각 버너별로 연소량을 고르게 하고, 연소가 과도하게 집중된 부분을 조절하자 튜브 표면온도는 조금씩 하향되기 시작했다. 경험이 거듭되면서 새로운 노하우가 창출된 결과였다.

하나씩 문제를 풀어 나가는 과정에서 전에는 눈에 들어오지 않았던 새로운 현상까지도 발견할 수 있었던 것은 예상하지 못했던 소득이었다. 이전에는 가열로에 적절한 공기가 공급되는지 여부를 알 수 없어 압력을 통해 유량을 간접 확인하는 수밖에 없었다. 이를 개선하기 위한 방법으로 간이 압력 측정기를 설치하여 공기를 조절함으로써 효율적인 운전이 가능하도록 했다.

또 다른 현상으로, 현장 조절시 반대로 변화하고 있던 튜브 표면온도 테스트 과정을 통해 유량을 조절하여 감소시킬 수 있었으며, Q&A를 통해 문제 사례로 자주 올랐던 연료가스의 압력 상승 문제도 그 동안 쌓아 온 노하우를 통해 쉽게 해결할 수 있었다. 지식은 또 다른 지식을 만들고, 재생산된 지식이 다시 새로운 지식을 창출하는 실로 효율적인 지식의 연결 고리였다.

코크의 생성 원인에서부터 시작하여 #1 PX 가열로 전체의 근본적인 해결이 이루어지기까지 K-Base를 통한 문제 인식과 의견 교환이 없었더라면 그 문제들은 언제까지나 해결 과제로만 남아 있었을지도 모를 일이었다. 그러나 K-Base에 등재된 기술과 다양한 시행착오들을 바탕으로 하여 최선의 해결책을 얻어낼 수 있었다.

값진 경험이 만들어 낸 성과

문제를 도출하고 해결하는 과정은 힘들었지만, 얻어 낸 성과는 적지 않았다. 우선 내화물 손상 방지로 수명을 연장할 수 있게 되었으며, 불꽃의 조절 능력이 향상되었고, 튜브 표면온도의 운전 허용범위가 확보되었다. 또한 운전원의 업무량과 가열로의 운전 부하 감소, 가열로 연소 효율 향상 등 현장 활동의 효율성이 한층 상승될 수 있었다.

이번 문제의 해결은 비용 절감 면에서도 한몫을 했다. 연료가스 분사노즐 교체와 정비 비용, 연료의 절감을 통해 불필요하게 새어나가던 약 2억원의 비용을 절감할 수 있게 된 것이다. 그야말로 일석이조, 일거양득이라는 보람을 느낄 수 있는 결과였다.

팀원들은 문제 해결 과정에서 체득한 지식을 형식지로 작성하여 다시 K-Base에 사례로 등재했다. 이제 동일하거나 유사한 문제가 발생하는 경우 KM 시스템을 검색해 기술 개선 사례를 찾기만 하면 쉽게 문제를 해결할 수 있게 된 것이다. 이처럼 경험을 통해 얻은 소중한 성과물을 KM 시스템에 등록함으로써 동종의 설비를 운전하는 타 부서에서도 충분히 활용할 수 있도록 했다.

적극적인 개선 의지가 필요하다

어떤 설비든 크고 작은 결함은 있게 마련이다. 그러나 그 결함을 결함으로 발견하지 못하면 언젠가는 해결이 쉽지 않은 심각한 상황으로 변하게 된다.

가열로 설비의 경우는 더했다. 가열로는 공정의 핵심으로서 운전하기도 어렵고, 더욱이 문제가 발생한다면 그 특성상 해결이 쉽지 않은 설비였다. 당장 문제가 없다고 해서 방치한다면 호미로 막을 수 있는 것을 가래로 막게 될 수도 있었다. 무엇보다 적극적인 문제 의식과 개선 의지가 우선되어야 하는 것이다.

목표를 정하고 나아가라

같은 일이라도 정립한 비전이 다르면 결과는 천차만별로 나타날 수밖에 없다. 주어진 일의 당위성을 찾고 자발적인 움직임을 보일 때 기대치보다 몇 배의 효과를 얻게 된다.

억지춘향 노릇은 오래가지 못한다. 왜 이 일이 필요한지, KM 시스템 활용이 어떤 면에서 효과적인지 스스로 깨닫는 것이 중요하다.

KM을 즐겨라

석유화학생산팀의 PX 공장 운전원들은 이러한 문제 해결을 통해 현장 업무에서도 KM의 진가가 빛을 발한다는 것을 깨닫게 되었다.

1999년부터 울산 CLX에서 선정한 KM 우수사원상을 연속 수상해 온 서종현 대리 역시 처음에는 KM이라는 단어조차 생소해했다. 하지만 스스로 필요성을 느끼고 KM을 통한 문제 해결의 기쁨을 체험하게 되면서 이제는 KM의 가치를 알리는 데 누구보다도 앞장서고 있다. 누가 시키지 않아도 스스로 문제 발생 지점에 서 있었고, 이해를 돕기 위해 동영상과 사진 자료를 찍어 KM 시스템에 등재하고 구성원들의 교육 자료로 활용하는 등 적극적인 방법도 취하고 있다.

본인의 이름으로 등재된 사례와 내용들을 보면 심리적인 보상을 받게 되는 것은 물론이다. 당연히 각 개인에게 축적되는 지식의 양 또한 엄청날 것이다.

업무든 KM이든 스스로 즐길 줄 알아야 한다. 그것이야말로 회사와 개인 모두의 가치를 증대시킬 수 있는 가장 바람직한 출발점일 것이다.

지식의 크기와 가치는 어떻게 활용하는가에 따라 좌우된다

가열로 문제 발생시 K-Base에는 이미 비슷한 사례와 고민들이 올라와 있었다. 그것은 단순한 의견 공유에 불과했지만, 이를 통합·정리하고 현장의 경험과 노하우들을 살려 새로운 지식으로 창출해 낼 수 있었다.

KM을 효율적으로 활용하는 방법은 아무리 작은 지식이라도 형식지화하여 등록하는 습관을 기르는 것이다. 정보에 불과하던 것이 공유화되었을 때 가치 있는 지식으로 재생산될 수 있기 때문이다. 풀기 힘든 문제일수록 해결에 이르렀을 때의 가치와 보람은 커진다. 지식은 이미 만들어진 어떤 것이 아니라 스스로 만들어 내는 것이며, 노력에 따라 그 크기와 모양을 달리하는 것이다.

15
미래를 투자하는 사람들

생산기술팀

지식을 아는 것과 가지는 것의 차이

APQC 회장인 Carla O'dell이 말한 '만약 우리가 알고 있는 것이 무엇인지 알았다면(If we Knew what we Know)' 이라는 말이 떠오르게 하는 사례이다. 전문가들이 보유한 암묵지를 중심으로 업무를 수행한 과거와 달리 생산기술팀의 경우 담당 공정의 전문가들이 알고 있는 지식을 Solution Pack으로 종합하여 기존의 업무를 혁신하였다. 이를 통해 의사결정에 소요되는 시간을 줄일 수 있게 되었음은 물론 현재 사외 지식 판매 수행까지 추진하고 있는 중이다. 그냥 알고만 있던 것을 자산으로 정리했을 때 얼마나 큰 효과를 낳을 수 있는지를 여실히 보여 준다.

생산기술팀은 현장에서 발생하는 문제점이나 기술을 검토하는 현장 개선 사업이라든지 투자 사업을 시행하는, 말하자면 생산을 위한 기술 서비스를 담당하는 것이 주 업무이다.

각 공정마다 각각의 담당 엔지니어들이 관리를 하고 있는 생산기술팀 중에서도 **PX** 공정에 대한 기술 지원을 담당하는 아로마틱 기술 그룹은 아로마틱 제품 생산 공정 기술을 정리해 지식사업화해 나가며 **KM** 실천에 앞장섰다.

PX란 '파라자일렌(Para-Xylene)'의 약자로, 합성섬유를 만드는 데 기초가 되는 원료이다. 1989년에 공정을 시작하여 1990년부터 제품을 생산했으므로 거의 13년간의 기술 노하우가 축적되어 있는 셈이다. 그 지식들 중에는 라이선스 기술에 나와 있는 것을 제외하고는 직접 현장에서 운전하는 과정 중에 터득한 융통성 있는 노하우라든가 라이선스의 도움 없이 자체 기술력으로 검토했던 자료들도 많았다. 게다가 울산 Complex의 PX 제조 기술은 국내에서 첫번째로 손꼽힐 정도였다. 이렇게 다져진 기본 토양을 발판 삼아 생산기술팀원들은 PX 공정 기술을 Solution Pack으로 정리해 보자고 마음먹게 되었다.

거시적인 안목이 필요하다

Solution Pack을 개발한다고 해서 당장 수익을 얻을 수 있게 되는 것은 아니었다. 방치해 두었던 자료들을 꺼내 정리하는 일은 생각보다 쉽지 않았다. 현재 아무런 문제가 없는데 일부러 일을 만들 필요가 있겠느냐는 의견도 있었다.

KM은 업무와 별개라는 고정관념도 문제였다. 우선 Solution Pack이 개발되면 내부 업무의 효율성도 높일 수 있다는 설명으로 부정적인 시각을 일축시켰다. 당장 큰 이득을 보는 것은 아니겠지만, 이것을 시발점으로 삼아 기술 사업이 확대될 가능성을 타진해 보자는 생각이었다. 미래를 내다보는 안목이 필요한 때였다.

보유하고 있는 정보를 적극 활용하라

우선 PX 공정 Solution Pack 개발을 위한 CoP를 개설하는 것이

1순위였다. 그리고 올레핀 Solution Pack 등 기존에 개발 완료된 Solution Pack을 참고하여 작성 방안을 마련하고, 방향을 정립시켜 나갔다.

첫째로는 내부 업무 효율의 극대화를, 둘째로는 생산 기술 사업화를 기본 목표로 설정하고 본격적인 작성 작업에 돌입했다. 평소 KM 시스템에 자료를 정리해 두었던 것이 큰 도움이 되었다. KM 도입 전에는 대규모 프로젝트를 수행하며 얻은 노하우들이 단순히 파일화되어 있을 뿐 일목요연하게 정리되어 있지는 않았지만, KM을 도입하고 난 후부터 자산화시켜야 할 내용을 선별 및 정리해 두었던 것이다. 그렇게 정리해 두었던 자료와 K-Base에 이미 등록되어 있던 PX 공정 자료들을 검색해 자료를 수집하고, PX 공정 운영 정보 CoP와 자체 운영 중이던 석유화학 공장 운전 정보 사이트에서도 정보를 얻었다. 이를 통해 공정 지수 변화 기술 및 노하우를 추출해 낼 수 있었다.

이처럼 보유하고 있는 기존 자료들을 CoP를 통해 데이터베이스로 구축해 나가며 PX 공정 Solution Pack의 뼈대를 잡아 나가기 시작했고, 이러한 개발 과정을 통해 생산기술팀원들은 자신도 모르게 Smart Player로서의 자질을 기르고 있었다.

ATA-11 촉매의 사업화

PX 공정 기술 Solution Pack 개발의 효과는 상상했던 것 이상이었다. 기술을 체계화시켜야겠다는 목표로 시작했던 것이 가시적인 효과를 안겨 주었던 것이다. 우선 내부 업무 체계가 확연히 달라졌다. 팀원들도 Package로 만든다는 것이 이렇게 도움이 될 줄은 몰랐다고 입을 모았다. PX 공정 기술에 관련된 것이라면 Package화한 CD 한 장만 있으면 그만이었다. 개인 PC나 지난 파일을 뒤적일 필요가 없게 되자 업무 처리 시간이 대폭 단축될 수 있었던 것이다.

또한 Solution Pack은 ATA-11 촉매를 상품화하는 데 일조하기도 했다. 이전까지는 혼합 자이렌 원료 제작 과정에 필요한 촉매를 외부로부터 구입해 사용하고 있었다. 그러다가 1999년에 R&D Center와 공동으로 ATA-11 촉매의 자체 개발에 성공했고, 두 번의 Tatoray 공정에 적용하여 얻은 지식과 경험을 바탕으로 2002년에는 대만 포모사에 60톤의 촉매를 판매하기에 이르렀다. 결국 PX 공정 기술 Package 내에 포함된 ATA-11 프로젝트라는 촉매 개발 및 적용 성공 사례를 통해 국내외 판매의 기틀을 마련하게 된 것이다.

Tatoray 촉매의 경우에도 생산기술팀원들은 KM 시스템을 적극 활용했다. 촉매를 개발하는 모든 과정에서 CoP를 통한 의견 교환과 정보 공유는 촉매와 운전 기술의 상품화에 큰 기여를 한 셈이었다.

IT 활용만이 능사는 아니다

생산기술팀의 이규호 과장은 이왕이면 질적인 면에서도 우월하고 보기에도 좋은 Solution Pack을 만들어야겠다는 생각을 가지고 있었다. 그러기 위해서는 새로운 프로젝트를 앞두고 팀원들을 독려하는 것이 우선이었다. KM 시스템의 활용뿐 아니라 함께 일하는 구성원에서부터 고객까지, 사람을 만나고 관리하는 능력까지 포함되어야 진정한 KM일 것이었다.

이 과장은 팀원들이 적극적으로 참여하고 편하게 일할 수 있도록 지원하는 리더의 역할을 수행했다. 좋은 정보가 있으면 팀원들을 부추겨 K-Base에 올리도록 하는 일이 다반사여서 정작 자신은 직접 정보를 올리는 데는 미숙하다며 웃음을 지었다.

구성원들이 모여 일을 해 나가는 데 있어서 가장 중요한 것은 팀워크와 리더십이다. 그 바탕에는 서로에 대한 신뢰와 믿음이 기본이 되어야 함은 당연한 이치이다.

KM은 함께 걸어가는 길

"한번은 TMA(Trimellitic Anhydride) 제조에 대해 급히 설명해야 할 일이 있었습니다. 그런데 갑작스럽게 찾으려 하니 통 자료를 찾을 수가 없는 거예요. 마음은 급하고…. 그때 KM 시스템을 찾아봐야겠단 생각이 들더군요. 그랬더니 자료가 척척 나오는 겁니다. KM 시스템에는 TMA 제조 방법에 대한 검토 결과가 잘 정리되어 있었어요."

그때 정말이지 KM의 효과를 통감했다는 이규호 과장은 KM이 궁극적으로는 회사의 모습 전체를 변모시킬 수 있는 계기가 되어야 한다고 말한다. 그러기 위해서는 점차적으로 KM에 대한 공감대를 확산시키는 게 중요하다. KM은 당연히 해야 한다는 분위기를 형성해야 한다. 의무적인 KM은 역효과를 불러일으키는 법이다. 그런 경우 한두 명만이 잘 실천할 뿐 나머지는 아예 주저앉아 버리는 경우도 생길 수 있다. KM은 모두 함께 걸어가는 길이다. 한두 명만 잘한다고 성공하는 지식경영이란 결코 있을 수 없는 것이다.

기업의 가치를 높이자

멀리 내다보며 시작한 사업이었지만 생산기술팀은 어느새 기술 사업을 추진 중이다. 중국, 대만, ○○정유, ○○종합화학에는 이미 제안서를 제출하였고, 앞으로 더 많은 곳에 사업이 확대될 전망이다. 만들어진 Package는 기술 자료로서 제시하는 데 부족하지 않을 것이며, 기업의 이미지 제고에도 기여할 것이다. 또한 ATA−11 촉매를 개별 상품으로 Package화하는 방안도 준비 중에 있다. 이를 위해 새로운 CoP와 담당자가 선임되어 신규 개발에 역점을 기하고 있다.

생산기술팀원들은 이번 Solution Pack 개발로 인해 많은 부분이 개선되었다면서 만들어진 Package는 새로 들어오는 엔지니어와 운전원 교육에도 좋은 자료가 될 것이라고 했다.

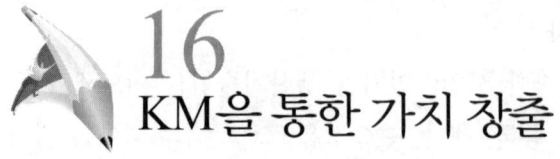

16
KM을 통한 가치 창출

기술/설비지원팀

경영 기법의 연구 개발과 지식사업화

연구 개발이라고 하면 기술에 한정된 것으로 생각하기 쉽다. 경영 기업의 연구 개발을 통한 지식사업화의 경우에도 마찬가지이다. 그러나 기술/설비지원팀에서는 해당 분야의 경영 기법인 설비관리 기법을 경쟁력의 핵심 요인으로 파악했다. 이를 통해 외부의 이론과 실제 적용을 통한 경험을 결합하여 세계적으로 경쟁력 있는 경영 기법을 보유하게 되었으며, 외부 컨설팅을 통해 새로운 수익을 창출할 수 있었다.

어느 조직이든 팀의 분위기는 업무 효율을 좌우하는 중요한 요인이 된다. 부드러움이 강함을 이긴다는 말도 있듯이, 강제적이고 억압적인 것보다는 오히려 자유롭고 개방된 분위기가 일의 효율과 성과를 높이는 데 크게 기여하는 것으로 알려져 있다.

이처럼 자유롭고 편안한 분위기를 정착시킨 팀으로, 기술/설비지원팀을 떠올리지 않을 수 없다. 팀 분위기는 어느 한 사람이 단기간에 만들 수 있는 것이 아니라 오랜 시간에 걸쳐 누적된 구성원 모두의 화합으로 이루어지는 것이다.

기술/설비지원팀은 울산 Complex 내 기술 분야의 지원 조직인 기술/설비 본부의 스태프 부서로서, 설비관리 전략 수립 및 실행, 성비 비용 관리, 외주 업체 관리와 외주 용역비의 산정 및 계약, 자재 관리, 설비관리 정보 시스템 관리 업무를 수행하는 부서이다.

팀 내에 정착된 자유스러운 분위기처럼 기술/설비지원팀의 리더에게서는 권위주의적이거나 고압적인 태도를 찾아볼 수 없었으며, 경직되어 있거나 소극적인 모습을 보이는 팀원들도 없었다. 좋은 팀워크가 다져질 수 있었기에 꾸준하게 쌓아 온 업무 성과를 통해 그들만의 산출물을 거두어들일 수 있었을 것이다. 설비관리(Maintenance Management) 분야의 지식사업화를 일구어 나간 기술/설비지원팀에는 역시 그들만의 KM 노하우들이 산재해 있었다.

남보다 한발 앞선 KM
기술설비지원팀은 1998년부터 사내 통합 OA 시스템이라는 로터스노츠 기반의 그룹웨어 내에 지금의 CoP와 유사한 '설비관리 정보광장'이라는 지식 공유 게시판을 운영해 오고 있었다. 이때까지만 해도 사내에서 KM이라는 용어가 사용되기 전이라 구성원들은 단지 서로 보유하고 있는 지식을 공유해야겠다는 생각으로 게시판을 운영하고 있었다. 즉, 회사에 KM이 도입되기 전부터 지식경영 마인드가 자리를 잡고 있었던 것이다.

1997년 전 세계 정유 및 석유화학 공장의 경쟁력을 비교하는 Solomon Study는 SK 주식회사의 설비관리 분야의 경쟁력이 일류 수준이 못 된다는 점을 인식하게 해주었다. 설상가상으로 IMF가 그

뒤를 이으면서, 기술/설비지원팀은 설비관리의 경쟁력을 확보하지 않고는 살아남을 수 없다는 위기감에 직면하게 되었다.

그러나 위기는 곧 기회라고 했던가. 이때부터 설비관리 경쟁력 확보를 위한 노력이 시작되었다. 우선 '설비관리 정보 광장'을 개설하여 구성원들이 보유한 지식들을 공유했다. 그리고 공유된 지식들을 보다 체계적인 지식으로 확보하기 위하여 매주 금요일마다 팀 세미나를 갖는 등의 노력들이 이어졌다.

한발 앞선 노력의 결과로 1999년 울산 Complex에 KM이 도입되자 기술/설비지원팀은 큰 어려움 없이 적응할 수 있었으며, KM의 선두 조직으로서의 역할 또한 충실히 수행했다. 급변하는 시대의 흐름에 맞춘 발 빠른 변화와 경쟁력 강화를 위한 팀 내 자각이 다름 아닌 KM의 시작이었다는 것을 증명한 셈이었다.

내게 소중하면 남에게도 소중하다

기술/설비지원팀은 KM 활동으로 축적된 지식을 바탕으로 설비관리 경쟁력 확보와 회사의 경영 극대화에 크게 기여할 수 있었다. 이와 더불어 생산 기술 사업을 시작했고, 기술 상품 개발에도 박차를 가했다. 설비관리 진단 기술 상품 개발에 착수하게 된 데에는 사실 여러 가지 요인이 작용했었다.

SK는 지난 10여 년 동안 외부 컨설팅과 벤치마킹, 효과적인 설비관리 수행 지원을 위한 전산 시스템 개발 등 설비관리 경쟁력 확보에 총력을 기울여 왔다. 그 결과 설비관리 경쟁력의 주요 지표인 MI(Maintenance Cost Index; 정비 비용 지수)와 RI(Reliability Index;

설비 신뢰도 지수)가 세계적인 수준에 근접할 수 있었다.

이러한 성과를 바탕으로 2000년에는 TMSS(Total Maintenance Solution & Service)[16]라는 설비기술 사업이 시작되었고, 초기에는 RBI(Risk Based Inspection)[17], RCM(Reliability Centered Maintenance)[18] 등 설비기술 분야의 상품이 개발, 사업에 활용되었다.

그러나 설비기술 사업을 수행하는 과정에서 통감할 수 있었던 한 가지 사실은 고객사에 효과적으로 판매할 수 있는 기술 상품의 개발을 위해서는 고객사가 어떠한 기술 상품을 원하고 있는지를 체계적으로 파악할 수 있는 도구가 필요하다는 점이었다.

이에 따라 그 동안의 외부 컨설팅 경험과 설비 관련 Best Practice를 바탕으로 '최적의 정비 비용으로 최대의 설비 신뢰도' 확보라는 목표를 위한 근본적인 개선안을 제공하는 설비관리 진단 기술 상품 개발에 돌입하게 되었다.

커뮤니케이션 Tool의 필요성

울산 Complex에 KM 시스템이 구축되기 전부터 기본적인 KM 마인드를 확보하고 있던 기술/설비지원팀에게는 KM 시스템이란 설비

---

16) TMSS(Total Maintenance Solution & Service): 생산기술 사업 중 설비 분야의 기술 서비스 사업을 칭하는 약어이며, 고정 장치, 회전 기계, 계기, 전기, 토목·건축 분야에 대한 설비관리 기법, 검사, 설계, 정비 작업에 아우르는 설비 관리 전반에 대한 서비스를 제공. 관련사이트 - http://www.sk-motive.com

17) RBI(Risk Based Inspection): 생산설비별로 위험등급(Risk)에 의해 정해진 검사 우선순위를 기준으로 검사 업무를 수행하는 기법.

18) RCM(Reliability Centered Maintenance): 생산 설비와 관련되어 발생할 가능성이 있는 모든 유형과 영향을 해석하고 이를 토대로 실행 가능하고 효과적인 설비관리 체계를 수립하고, 이에 따라 최적의 계획된 설비관리 업무가 이루어 지도록 하여 설비 신뢰성 확보 및 정비비용 절감 효과를 얻고자 하는 기법.

관리 상품 개발을 위한 가장 기본적인 도구였다.

상품 개발에 돌입하게 되자 설비관리 관련 지식 체계를 구축하고 컨설팅 결과 보고서, 개선 수행 보고서, 설비관리 관련 Best Practice, 개인별 암묵지와 형식지를 종합하기 시작했다. 상품 개발에 필요한 자료와 구성원 전체 의견의 신속한 공유, 전체 프로젝트의 개발 현황 파악을 위해서는 KM 시스템 활용이 가장 효과적이었다.

이처럼 효과적인 커뮤니케이션 도구의 필요성에 의해 KM 시스템 내 '설비관리 시스템 컨설팅'이라는 CoP를 운영하게 되었고, 더불어 설비관리에 대한 분야마다 CoP를 운영하여 각 분야의 자료를 수집했다.

암묵지/형식지를 체계화하라

기존의 문서 자료와 KM 시스템이 도입되기 전 '설비관리 정보광장' 내에서 관리되던 자료를 확보하고, K-Base에 등재된 설비관리 적용 사례들을 찾아 정리하는 작업을 시작했다. 인터넷 검색 활용 자료는 물론이거니와 CoP 활동을 통해 도출된 자료의 양도 만만치 않았다.

이제 기존 업무 수행 인력이 보유한 개인별 암묵지와 형식지를 정리하는 일만 남아 있었다. 이 과정에서 생각보다 방대한 자료들이 개인 PC와 머릿속, 일반 문서로 보관되어 있음을 새삼 확인할 수 있었다. 특히 지식이라는 빙산의 대부분을 차지하는 암묵지, 그 보이지 않는 지식을 확보하는 일이 무엇보다 중요했다.

암묵지를 끌어내기 위해 관련 구성원들을 CoP의 멤버로 등록하여 자료를 수집하는 것도 하나의 방법이 될 수 있었다. 하지만 기술 상품 개발의 특성상 보안을 유지해야 하는 문제가 있었고, CoP에만 의지하기에는 많은 시간이 소요된다는 단점도 있었다.

그러나 주먹구구식 강요는 오히려 반감만 살 뿐이었다. 따라서 그 보다는 상품 개발의 취지에 대한 논리적인 설명을 통해 개인의 암묵지를 끌어내고 자료의 행방을 문의하는 방법을 취했다. 지속적인 세미나의 형태로 개인의 암묵지를 자연스럽게 확산시키는 방법도 큰 몫을 했다.

암묵지와 형식지 모두 방치해 둔다면 시간이 지날수록 활용도가 떨어질 수밖에 없다. 개인의 기억에는 한계가 있으며, 문서화되어 있는 것이라 해도 체계화되어 있지 않다면 그 자료의 활용에 많은 시간과 노력을 들여야 하기 때문이다.

이러한 과정들을 통해 팀원들은 분류 체계 없이 흩어져 있는 자료들은 아무런 가치가 없으며, 장기적인 안목에서 오히려 일의 효율을 떨어뜨린다는 사실을 깨닫게 되었다. 지식 발굴에서 그치지 않고 KM 시스템을 통한 지식 분류 체계의 중요성까지도 재인식하게 된 것이다.

KM 시스템 활용을 위한 자체 교육

상품 개발 초기에는 구성원들의 자발적인 참여도가 높고 그만큼 활동 의지도 강했지만, 시간이 지남에 따라 몇 가지 문제점들이 뒤따랐다. 기존 업무와의 병행으로 인하여 업무가 가중되거나 점차적인 자료의 양 증가로 인해 효율적인 관리 방안에 대한 대책 마련이 시급해진 것이다. 그 해결 방안으로 지식 분류 체계를 세분화하여 관리와 검색의 편의를 도모하였다. 그리고 CoP 리더를 중심으로 Can Meeting을 실시하여 CoP 활성화를 위해 노력하기 시작했다.

효율적이고 효과적인 상품 개발을 위해서는 일부가 아닌 전 구성원이 지식을 공유하고 학습하는 것이 중요했다. 그러나 KM 시스템 자체를 잘 모르고 활용에 서툰 사람들에게는 어려움이 따를 수밖에 없었다. 아무리 잘 만들어진 시스템이라도 사용할 줄 모른다면 오히려 비효율을 초래할 수 있기 때문이다.

이에 기술/설비지원팀에서는 CoP 리더가 중심이 되어 자체 KM 시스템 교육을 실시하기로 했다. 구성원들이 직접 작성한 교육 자료를 토대로 자료 등록, 송신, 응답, K−Base 이관, 문서 관리 방법 등의 교육을 실시하였다. 그 결과 KM 시스템의 활용도가 급격히 향상되어 활발한 커뮤니케이션이 가능해졌음은 물론, 그로 인해 지식의 습득 및 공유에도 획기적인 진전을 가져올 수 있었다.

국내외에 걸친 기술 사업 수행

KM 시스템 교육으로 참여도가 높아지면서 온라인−오프라인을 통한 기술 상품 개발은 한결 원활하게 이루어졌다. 그리고 드디어 설비관리 수준 평가에 대한 정량적 · 정성적 기준을 정의하고, 5가지 설비관리 진단 기법을 포함하는 SK 고유의 진단 기법을 개발하기에 이르렀다.

설비관리에 대한 진단에서부터 관리 업무 리엔지니어링, 설비관리 성과지표(KPI) 개발, 설비관리 정보시스템 구축 등 설비관리 전반을 아우르는 기술 상품의 개발은 곧 국내외의 설비관리 분야 기술 사업 수행으로 이어졌다.

H 화학회사 등 8개 업체에 대한 B2B 고객지원 프로그램은 외부 용역 비용 절감 이상의 효과를 가져왔다. 또한 K 섬유회사, K 금속 회사 등 국내 굴지의 장치산업체에 대한 설비관리 진단과 설비관리 정보시스템의 구축 지원, 사회 기술 교육 지원 등의 용역 사업도 원 활하게 이루어졌고, J 식품회사 등 다수의 사업체의 SK 주식회사 설 비관리 전반에 대한 벤치마킹을 지원하기도 했다.

해외에서의 기술 사업도 활발하게 진행되었다. SK 주식회사 설 비관리의 우수성을 격찬한 대만 Formosa사는 설비관리 진단과 설 비관리 정보 시스템 구축 지원을 의뢰해 왔으나, 안타깝게도 Formosa 측의 사정으로 취소되었다. 그러나 중국 Petro-China, 베 트남, 말레이시아 등에는 SK 주식회사 설비관리 개선 사례가 여러 차례 소개되기도 했다.

기술/설비지원팀이 개발해 낸 설비관리 기술 상품은 선진 컨설팅 회사의 경영 기법과 비교해 질적인 면에서 전혀 뒤지지 않는다. 국 내 고객에게는 언어적 · 지리적 문제까지 해결하고, 질 높은 서비스 를 저렴한 가격에 공급할 수 있는 경쟁력을 충분히 보유한 상품이었 다. 이는 팀원 모두가 함께 이루어 낸 성과였다.

상품 개발을 통한 사업 수행의 성과를 직접 경험하게 된 팀원들은 KM의 필요성을 더욱 통감하게 되었고, 자신도 모르는 사이에 설비관 리에 대한 지식 수준이 눈에 띄게 향상되어 있음을 발견할 수 있었다.

칭찬이 약이다

찬란한 성과물 뒤에는 언제나 숨은 공력자가 있게 마련이다. 팀원 개개인이 주인공이기도 하지만, 팀워크를 만드는 리더의 역할은 그 무엇보다도 중요하다.

1998년부터 설비관리 정보광장을 주도해 왔던 전양명 부장은 팀원들에게서 불만이나 어려움이 엿보일 때마다 따로 불러 독려하곤 했다. 작은 성과에도 칭찬을 아끼지 않는다는 것이 전 부장의 마인드였다. 채찍보다 당근이 오히려 더 효과적일 수 있음을 보여 준 것이다.

물론 리더 스스로의 솔선수범이 우선되어야 한다. 더 많이 공부하고, 더 많은 지식을 공유함으로써 자신이 먼저 모범이 되어야 하는 것이다. 그런 리더라면 팀원들이 믿고 따르는 것은 당연한 결과일 것이다.

Ground Rule의 중요성

상품 개발 과정에서 관련된 지식과 정보를 종합하기 위해 CoP를 효과적으로 활용하였다. 팀의 역량은 KM을 얼마나 효과적으로 활용하느냐에 달려 있는 것이다.

기술/설비지원팀은 등재되는 지식의 수가 증가하면서 이미 등록된 지식이 재등록되는 경우도 많아짐을 깨닫게 되었다. 이 문제를 방치해 둔다면 후에 지식을 활용하고자 할 때 그만큼 가치가 떨어지게 되는 것은 당연한 이치였다. 이 때문에 CoP 운영 전반에 대한 Ground Rule이 필요했다. 따라서 팀원들은 CoP의 구성과 동시에 Ground Rule을 정하기 위한 Can Meeting을 실시했다. 이를 통해 등록 양식, 분류 체계, 분류 기준, 일련번호 관리 방안, 의견 교환 방안 등을 정의하고 공유함으로써 지식 등록 과정에서 야기되는 혼란을 사전에 막을 수 있었다.

Management Skill이 필요하다

전양명 부장은 경쟁력 강화를 위해서는 인재 양성과 더불어 개개인이 전문가라는 의식이 중요하다고 강조했다. 시키는 일만 기계처럼 반복한다면 일하는 보람을 느낄 수 없는 것이 당연하다. 그러나 분야마다 담당자를 정해 책임을 부여하고, 자신의 이름을 걸고 최선을 다하도록 한다면 능률이 배가될 뿐더러 개인의 성취감도 더할 것이다.

각 개인이 책임감을 가진 전문가가 될 수 있도록 하기 위해서는 개인의 의지와 함께 리더의 충분한 지원이 있어야 한다. 자신이 맡은 업무에 대해서는 우선적으로 교육의 기회를 부여하여 전문가가 될 수 있는 자질을 길러 주는 것이다. 따라서 관리자는 팀원들의 적극적인 참여를 유도해 낼 수 있는 Management Skill을 기르는 것이 중요하다.

설비관리 분야의 지식사업화를 통해 기술/설비지원팀의 구성원들은 KM이 곧 업무이며, KM을 통해 업무 효율이 향상되고 개개인의 가치가 향상될 수 있다는 것을 깨닫게 되었다. 기업의 가치와 개인의 가치는 누가 대신 창출해 주는 것이 아니라 내 스스로 구해야 한다. 그 발판이 되었던 것은 다름 아닌 KM이었다.

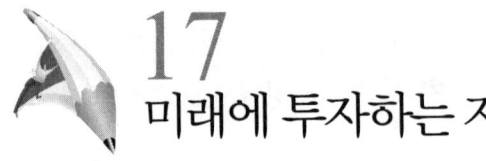

17
미래에 투자하는 자세로

설비기술팀

자발적인 학습 조직 운영을 통한 역량 강화

선진국에 대한 기술 의존도가 매우 높은 분야인 전기 기술의 습득을 위해 학습 조직을 운영하고, 그 결과 선진국의 엔지니어를 초빙하지 않아도 될 만큼의 기술력을 갖추게 된 사례이다. 이를 통해 학습을 위한 CoP를 운영하는 조직적 리더십, 운영 방식, 구성원들의 자발적인 참여 유도 방법 등 CoP 운영 노하우를 배울 수 있다.

"지금 저희가 담당하고 있는 전력전자 설비 분야는 이제 막 발전을 시작해 가속도가 붙는 시점에 있다고 할 수 있습니다. 그래서 솔직히 지금의 경영 성과로 따지면 아직까지는 미미하다고 볼 수 있죠. 이런 쪽은 1~2년 내에 금방 성과가 나타나지는 않거든요. 국내에서도 아직 활성화되어 있지 않은 분야이구요. 아무래도 전자와 전기가 합쳐진 분야이고, 또 일을 하려면 제어 시스템이나 컴퓨터에 대해서도 많이 알아야 하고 부차적인 설비의 특징들도 많이 알아 두어야 하기 때문에 상당히 복잡합니다. 따라서 이쪽 분야는 보다 장기적인 투자가 필요하다고 할 수 있지요. 단시간 내에 이루어지는 않지만 반드시 투자한 만큼 성과가 있을 거라고 믿고 있습니다. 앞을 내다보고 있는 거죠."

설비기술팀의 김현수 과장은 이렇게 자신의 업무에 대한 의사를 명료하게 밝힌다. SK 주식회사에서도 KM 활동을 잘하기로 소문난 김 과장은 KM뿐만 아니라 언변 또한 수준급이었다. 그의 말에서 엿보이는 열정처럼 김 과장을 비롯하여 약 15명의 멤버로 이루어진 전동기 및 전력전자 CoP 활동은 매우 체계적이고 활성화되어 있었다.

첨단 기술의 급부상에 발맞추어야 할 때

전기 기술의 발달로 인해 과거 기계부품을 중심으로 이루어지던 전기설비는 갈수록 전력전자와 같은 첨단 기술 적용이 심화되고 있으며, 이제는 전력전자 분야가 전기설비의 핵심 분야로 자리 잡고 있는 실정이다.

이렇게 전력전자 설비가 전기 분야에서 중요한 위치를 담당하고 있음에도 불구하고 발전 속도가 워낙 빠른 첨단 분야인 관계로 구성원들은 관련 기술 습득 및 활용의 과정에서 어려움을 겪고 있다. 고장이 발생했을 경우에도 문제 해결 능력이 부족하여 전적으로 외부의 전문 인력에게 의존해야 하는 것이다. 이에 사내 전문 인력의 양성을 통해 문제 해결 능력을 향상시키고, 이를 통해 전기설비의 신뢰도 향상 및 기술 사업 추진의 필요성을 느끼게 되었다.

자발적인 학습 조직 활동으로서의 CoP

전력전자 분야는 첨단 기술 분야로서 그 수요가 확대되고 있음에도 불구하고 관련 인력 양성을 위한 전문 교육 기관이나 교육 프로그램이 없어 기술 인력 양성에 어려움이 많았다. 이에 팀에서는 학습 조직 활동을 통해 구성원들의 변화를 촉진시키고, 급변하는 경영 환경에 대한 신속한 대응 능력 및 대외 경쟁력을 확보하기 위해 핵심인력을 육성하고자 하였다. 즉, 전력전자 관련 지식의 습득, 창출과 공유를 통해 전문가를 양성하고, 양성된 전문가가 습득, 창출한 지식을 활용하여 전기설비의 신뢰도 및 정비 효율을 향상시킴으로써 관련된 기술 사업에 기여하고자 전동기 및 전력전자 CoP라는 자발적인 학습 조직 활동을 추진하기에 이른 것이다.

적절한 주제 선정이 필요하다

우선은 CoP 활동을 위한 여러 분야 중 당시 가장 어려움을 느끼고 있던 전동기 및 전력전자 분야에 대해 교육받기를 원하는 사원들의 자발적인 참여를 유도하였다. 이렇게 해서 모인 인원이 설비기술팀과 설비팀을 합쳐 15명이었다. 참여 인원을 확보한 후에는 다음 단계인 '학습 주제'를 정하기로 했다. 이를 위해 구성원 전원이 참여하는 Can Meeting을 통해 활동 주제를 선정했다.

이 단계에서, 전동기 및 전력전자 분야는 그 범위가 너무 커서 자칫 힘의 분산으로 인한 활동 성과의 저하를 가져올 수도 있다는 문제점이 제기되었다. 이에, 그중 비교적 접근이 쉽고 어려움이 많은 전력전자 기초 및 Battery Charger 분야에 대한 학습을 중점적으로 추진하기로 하였다. 이와 함께 다른 분야에 대한 실무 지식 습득을 병행하기로 하였으며, 점진적으로 학습 분야를 확대해 나가기로 결정했다.

초기에 얼마나 적절한 주제를 정하느냐가 향후 CoP 활동의 성패를 좌우하는 관건이 된다고 할 수 있다. 활동의 주제를 정확히고 적절하게 정해야만 그 활동을 추진함에 있어 동기 부여가 되고, 진행 방향이 흐트러지지 않는다. 따라서 주제를 선정할 때에는 회사와 개인 모두 Win-Win할 수 있는 주제인지를 깊이 생각해 본 후 결정해야 하며, 이를 위해서는 구성원들의 자발적인 참여가 필수적이다.

효율적인 학습 활동이 이루어져야 한다

주제를 선정했다면 그에 알맞은 방향으로 학습이 이루어져야 한다. 두 개의 팀이 각각 처한 상황이나 원하는 부분이 다를 것이므로, 각 팀의 특성을 정확히 파악하여 그에 알맞은 학습 활동을 해 나가야 하기 때문이다.

이러한 주제와 목표를 가지고 주 1회 오프라인 미팅을 통해 자체 기술 세미나를 열거나 전력전자 회로 실습 등을 실시하며 학습을 진행해 나갔고, 외부 전문가를 초청해 교육을 받거나 사외 전문 기술 교육에 참가하는 등 노력을 기울였다. 이와 함께 온라인 커뮤니케이션도 지속적으로 병행하였는데, CoP의 활동 방향이나 학습 및 업무 수행 시 발생하는 여러 가지 의문 사항을 CoP를 통해 해결해 나갔다. 또한 CoP 활동에서 재창출되는 모든 지식을 CoP에 다시 등록하거나 자체적으로 기술 세미나를 열어 구성원들과 공유하도록 했고, 이를 KM 시스템에 등록하여 관련된 직원들이 업무에 활용할 수 있도록 하였다.

학습 세분화를 통한 지식 습득

시행 초기에는 어려움도 없지 않았다. 주입식 교육에 익숙해져 있는 구성원들에게 이러한 학습 방법은 다소 낯설게 느껴졌던 것이다. 이러한 이유로 활동에 거부감이나 어려움을 느끼는 구성원에게는 지속적인 Can Meeting을 통해 자발적인 학습을 유도하였다.

또한 각 구성원들의 업무 이해도나 경력, 관련 지식 보유 수준 등의 차이 때문에 CoP 활동이 비효율적일 수도 있었으나, 조 단위의 학습과 세미나를 통해 이러한 어려움을 극복할 수 있었다. 조별 실습 시에는 이론적인 지식이 풍부한 설비기술팀 엔지니어를 함께 참여시킴으로써 좀더 효율적인 학습이 이루어질 수 있었다.

하지만 이 학습은 전력전자 설비에 관해 이루어지는 것인 만큼 평상시에는 실습을 하기 어렵다는 난점이 있었다. 전력전자 설비는 공정 운전에 필수적인 시스템이기 때문이었다. 이러한 이유로 구성원들이 실질적으로 경험할 수 있는 기회가 부족했고, 이에 따른 학습의 한계도 겪어야 했다.

이 한계를 최소화하기 위해 팀에서는 구성원들에게 전력전자 설비 정기 보수 및 개선 작업, Trouble Shooting에 우선적으로 참여할 수 있는 기회를 부여하고, 인력개발센터 실습장 내에 실습용 장비를 설치하여 활용하도록 하는 방법을 채택했다.

일과 후 주 1회 오프라인 중심으로 이루어지는 활동의 시간적 제약을 극복하기 위해 2001년부터는 본격적으로 온라인 활동을 확대하여 CoP를 활용한 토론방을 개설, 운영하였다. 또, 전 구성원을 몇 개의 소그룹으로 재편성하여 세미나 준비나 실습 등 별도의 학습 활동을 실시함으로써 활동 기회를 확대하기도 하였다.

Can Meeting으로 난제를 극복하다

　전동기 및 전력전자 CoP는 다른 CoP와 비교해 볼 때 아직 온라인 커뮤니케이션에 익숙하지 않은 현장 기술자들이 주축이 되어 구성된 CoP로서, 자체 기술 세미나 등의 오프라인 모임을 위해 근무 시간 외를 활용하여 활동을 수행했다는 특징을 가지고 있다. 따라서 초창기에는 개인 시간을 할애하는 데에 익숙하지 않은 멤버들로 인해 애로 사항이 많았다. 또한 참여한 정비원들의 개인적인 지식 보유 수준이나 실무 경험에도 차이가 많아, 모든 구성원들이 '누가 일방적으로 지식을 퍼 주는 것이 아니라 스스로 학습하고 필요하다면 개인의 희생과 봉사도 뒤따라야 한다'는 생각을 갖게 되기까지 많은 어려움을 겪어야 했다. 때때로 일부에서 불협화음이 발생하기도 했다. 실습 기자재가 충분하지 못해서 실습 및 실무 경험의 기회가 부족했던 점도 학습 활동의 중요한 장애 요인 중 하나였다.

　이러한 어려움들을 극복하기 위한 방법으로 CoP 전 구성원이 참여하는 Can Meeting을 많이 활용하였다. Can Meeting에서 구성원들의 자발적인 참여와 토론 등을 통해 도출된 방안에 대해서는 스스로 책임감을 가지고 적극적으로 추진하도록 유도하고, 회사의 지원이 필요한 경우에는 팀장이나 경영층의 도움을 받을 수 있도록 해 자부심과 성취감을 가질 수 있도록 하였다.

　그 결과 이제는 구성원들이 자발적으로 학습하는 분위기가 조성되었으며, 이는 팀 내 다른 구성원들의 변화로까지 이어졌다. 다만 아직까지 미흡하다고 여겨지는 온라인 커뮤니케이션 부분은 좀 더 활성화시킬 수 있는 방안을 모색 중에 있다. 이 또한 전 구성원이 참여하는 Can Meeting을 통해 충분히 극복할 수 있을 것이다.

회사의 적극적인 지원은 활동에 큰 도움을 준다

KM이라는 것이 많이 알려져 이제 KM 시스템도 일상화되었다고는 하지만, 아직도 그 효과에 대하여 의문을 품고 있는 사람들이 있을 것이다. 따라서 회사 측에서는 이 부분에 대해 신속하게 대처하여 팀 구성원들의 활동을 도울 필요가 있다. 아울러 유형적인 측면에서의 지원도 활발하게 이루어져야 할 것이다. KM 시스템을 사용하다 구성원들이 필요로 할 수 있는 경제적인 부분에 대한 회사의 스폰서십 역시 중요하다는 것이다. 회사에서는 사원들이 필요로 하는 것이 무엇인지를 정확히 파악하여 신속하게 대응해야 하고, 사용자 측면에서는 자신들이 원하는 것이 무엇인지 정확히 파악하여 이를 요구하는 자세를 갖추어야 한다.

성취동기의 재생산

어떤 일이든지 확실한 동기가 부여되면 효율성이 높아지고 능률이 오르기 마련이다. KM 활동도 마찬가지여서 CoP 활동을 통해 성과를 느낄 수 있다면 자연히 의욕도 고취된다. 이러한 측면에서 볼 때, 가시적인 성과를 통해 동기를 부여하는 것도 KM의 활성화와 업무의 효율성 향상을 위한 훌륭한 방법으로 생각된다.

이제는 다들 마인드가 바뀌어서 '내'가 어떤 것을 필요로 해서 이야기하면 '우리'가 그 문제를 풀 수 있다는 식으로 생각한다. 또한 팀 내에서는 하지 않는 이야기도 CoP를 통해서는 자연스럽게 이루어지는 경우도 많다.

도전은 또 다른 도전을 낳는다

이러한 활동을 통해 얻어진 성과는 사외 전문 인력에 의존하던 전력전자 설비의 정밀 점검 및 개선 작업을 자체 실시함으로써 정비 비용 절감에 기여하거나, 생산 기술 사업을 지원함으로써 매출에 기여하는 등 매우 다양하다.

그 중에서도 가장 큰 성과는 자체 기술력 향상일 것이다. CoP 활동 전에는 전력전자 설비의 정비는 전적으로 제조회사의 기술자에 의해 수행되고, 사내 정비원들은 단순히 보조 역할만 맡았었다. 그러나 CoP 활동을 통해 점진적으로 기술력이 향상된 후에는 사내 정비원들이 직접 설비 점검 및 정비 업무를 수행하는 수준까지 도달하였다.

이렇게 자체 인력이 주도적으로 점검 및 정비에 참여하면서부터는 더욱 많은 개선 작업이 이루어졌으며, 이를 통해 관련 설비의 신뢰도가 크게 향상되었다. 그도 그럴 것이, 자신이 다루는 설비를 자신의 손으로 직접 점검하고 정비하였기 때문에 누가 따로 요구하지 않아도 알아서 최선을 다하게 되었고, 이는 주어진 항목에 대하여만 점검 및 정비 업무를 수행하는 제조회사 기술자의 그것과는 차원이 다를 수밖에 없기 때문이었다. 그리고 현업에 종사하는 정비원들이 업무 시간 외의 자발적인 CoP 활동을 통해 스스로의 기술력을 향상시키고 지속적인 업무 성과를 창출해 냄으로써 함께 근무하는 다른 구성원들의 변화를 촉진시키는 효과도 가져왔다. 그간의 CoP 활동을 지켜보면서 개인적인 필요성을 느껴 신규 가입을 요청하는 사례도 발생하였다.

업무 속에 녹아난 KM

이러한 CoP 활동을 통해 새로운 지식 습득 및 창출, KM 시스템 등록 및 재활용 과정을 직접 체험함으로써 '업무=KM'이라는 공감대가 자연스럽게 형성되었고, 이에 따라 KM 수행 과정이 업무와 하나로 융화되어 자연스럽게 정착될 수 있었다. 또한 구성원들은 CoP 활동을 통해 수동적, 소극적인 자세에서 벗어나 스스로 학습 주제를 도출하고 학습을 진행하는 적극적인 자세로 변화하였으며, 효율적인 학습 요령 및 실무 수행 방법을 습득하여 업무의 효율성을 향상시키는 데도 기여하였다.

이 밖에도 팀 CoP의 활성화를 위한 Can Meeting시 전동기 및 전력전자 CoP 활동 현황 및 장애 요인과 그 해결 과정을 각 CoP 리더나 매니저, 구성원들에게 소개함으로써 다른 팀들의 CoP 활동에 크고 작은 도움을 주었다. 전사에 활동 사례가 소개되어 구성원들의 CoP 활동에 가이드라인을 제시하기도 하였다.

전동기 전력전자 CoP 멤버들은 앞으로 전기분야에 대한 CoP를 하나씩 구성하여 주도적으로 운영하는 것을 새로운 역할로 정했다. 이를 통해 전기분야 임직원들의 역량이 더욱더 커지는 데 일조를 하는 것이 그들의 목표라고 한다.

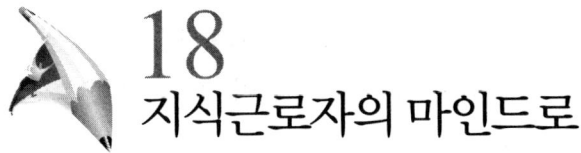

18
지식근로자의 마인드로

계기 · 전기팀

현장에서 활용할 수 있는 지식이 '살아 있는 지식'

TMS Solution Pack은 이론적인 기술보다는 현장에서 직접 체득한 실용기술을 바탕으로 제작되었다. 현장의 지식을 체계적으로 정리하는 일은 쉽지 않았지만 평소에 CoP와 K-Base를 활용하던 습관으로 수월하게 일을 진행시킬 수 있었다. 고도의 기술은 아니지만 실용기술의 지식을 활용하여 측정 기기를 개발하고, 설치와 유지/보수 서비스를 통해 수익을 창출할 수 있었던 사례이다.

"요즘엔 자꾸 여기저기서 불러다가 발표를 시키는 통에 아주 죽겠어요."

막 현장에서 달려온 듯 검게 그을린 얼굴의 권기준 대리가 건장한 체구와는 다르게 수줍은 표정을 지으며 말했다.

2002년 전사 **Best KM** 우수상을 수상하고 우수 **CoP** 활동으로 선정되었던 팀이라 역시 뭔가 달라도 달랐다. **TMS Solution Pack** 개발 후 계기 · 전기팀은 이전보다 훨씬 바빠졌지만, 불만을 터뜨리는 얼굴 위로 나타나는 뿌듯함은 감출 수 없었다. 그런 그들의 모습에서 떠오르는 단어는 다름 아닌 '지식근로자'였다. 끊임없이 자신의 일을 개선, 개발, 혁신함으로써 부가 가치를 높이는 사람, 즉 평생 직장이 아닌 평생 고용을 생각하는 근로자. 이들이 바로 지식근로자들이었던 것이다.

석유화학 공장의 설비는 크게 장치 · 기계 · 계기 · 전기설비로 구성되어 있다. 그중에서도 계기설비란 사람들의 신경계와 같아서 생산 설비의 상태를 감지하고 운전을 지시하는 역할을 하며, 전기설비는 설비 가동의 중요한 동력원인 전기를 공급하는 역할을 한다. 계기 · 전기팀은 생산 활동에 지장이 없도록 이러한 계기와 전기설비를 주기적으로 점검하는 업무를 담당하고 있는 부서이다. 실제 현장의 실용 지식을 바탕으로 KM을 실천하고 Solution Pack을 개발하기까지 이들의 노력은 현장 속에서 살아 숨쉬는 지식경영의 모범 답안이라 하지 않을 수 없었다.

주어진 상황을 최대한 활용하라

경제 성장이 가속화되던 근대화의 긴 터널. 개발과 성장에만 치중하다 보니 대기 오염과 같은 환경적 요인에는 무관심하던 시절이었다. 하지만 지금의 울산 Complex는 짙은 회색빛의 공단을 떠올린 것이 무색할 정도로 마치 도심 공원처럼 말끔하게 정돈된 모습이었다.

환경 문제가 전국적인 이슈로 대두되면서 지난 1986년 울산과 온산이 공해 대책 특별 지구로 지정되었다. 그것이 TMS의 시작이었다. TMS란 'Tele-Metering System'의 약자로, 굴뚝의 대기 오염 물질 배출량과 성분이 네트워크를 통해 시청 상황실로 연결되어 온라인으로 전송되는 환경감시 체계를 말한다. 즉, 각 사업장마다 공해 배출 측정 기계가 설치되어 있는데, 거기에서 배출되는 오염 물질을 측정하여 나온 데이터를 환경부로 전송하는 것이다.

1988년에 TMS 설치, 1991년의 추가 부착으로 울산 Complex에는 24개의 굴뚝에 144개의 측정기가 설치되었다. 그러다가 2001년에는 TMS 사업이 본격적으로 시작되었고, 유망 벤처 기업과 기술 및 사업 제휴 계약을 체결하였다. 모델링으로 선정되었던 것이 오늘의 TMS Solution Pack 개발에 이르게 된 것이다.

재생산하지 않는 지식은 무용지물

TMS 사업을 수행하면서 팀원들은 본격적으로 KM 시스템 내의 CoP를 활용하기 시작했다. D 벤처회사와 제휴한 TMS 사업에서부터 S사에 TMS System 설치, M상사의 TMS System 교체, 사우디 SPC사의 CEMS System 설치 등 수행되는 각 프로젝트별로 얻어지는 노하우와 정보들을 CoP에 등재하는 일을 게을리 하지 않았다.

TMS 설비는 특성상 물리, 화학, 전자 통신, 환경 법규 등 다양한 분야의 지식이 필요하다. 이를 위해 계기 · 전기팀에서는 보름마다 온라인-오프라인 미팅을 통해 과제 수행과 구성원들의 팀워크를 도모했다. 그러나 축적된 지식들은 여전히 산발적이고 체계화되지 못한 상태였다. 많은 양의 정보와 노하우들이 축적되었지만, 실제 활용 면에서는 별다른 시너지를 창출해 낼 수 없었다.

집을 짓기 위해서는 우선 자재가 준비되어야 한다. 그 후에야 비로소 실제 건축 공정을 통해 뼈대를 세우고 벽돌을 쌓아 올릴 수 있는 것이다. CoP에 등재된 정보들도 집을 짓기 위해 늘어놓은 건축 자재들에 불과했다.

TMS Service와 관련된 자료들을 묶어 내는 일은 TMS 시장 규모의 성장세를 고려해 보아도 충분히 추진할 만한 사업이었다. 하지만 Solution Pack의 개발은 그리 만만치 않았다. 정신없이 굴러가는 현장 업무에 치이다 보니 새로운 업무 프로세스에 익숙해진다는 것이 결코 쉽지 않았다.

그러나 시작하기는 어렵지만 일의 성과를 얻어 낸 후에는 몇 배의 효과를 볼 수 있다는 것을 그들 스스로가 더 잘 알고 있었다. 게다가 그들은 지난 13년간 축적된 전문 기술과 경험을 보유하고 있었다. KM을 활용하여 오랜 노력으로 얻은 지식의 성과들을 어렵다는 이유만으로 사장시킬 수는 없는 노릇이었다. 이제 그 동안 축적된 경험들을 정제하여 지식으로 전환시킬 때였다.

동기 부여가 중요하다

TMS Solution Pack의 개발을 위해 계기 · 전기팀은 생산기술사업부와 연계하여 TMS 사업 전반에 대한 지식을 얻고, 마케팅 측면의 지식 습득도 동시에 전개해 나가기 시작했다. 그리고 그 동안 CoP 활동을 통해 충분히 습득한 기본적인 지식과 경험의 산물들을 정리해 나갔다.

물론 어려움이 없을 리 없었다. 자료가 부족해도 문제지만, 많아도 역시 문제였다. 처음에는 개념을 잡는 일조차 어려웠다. 게다가 '업무 외의 일'에 대한 적극적인 참여를 종용하기란 쉽지 않았다. 무엇보다 동기 부여가 필요했다.

"TMS 사업을 하면서 다른 업체의 컨설팅을 해야 할 때가 많았는데, 그 일을 하면서 깨닫게 됐어요. 얘기로 설득하기보다는 문서화해서 보여 주면 더 설득력이 있다는 사실을 말이에요. 다른 팀원들에게도 이런 인식을 심어 주어야겠다는 생각이 들었죠. 일을 할 때는 무엇보다도 이유를 설명해 주고 동기를 부여하는 것이 가장 중요하지 않나 싶습니다."

이번 사업에서 주도적인 역할을 했던 권기준 대리는 컨설팅 사업을 하면서 많은 업체로부터 인정받기 시작했고 이제는 몇 억짜리 프로젝트까지 맡을 정도라며 팀의 성과를 과시했다.

핸디캡을 장점으로 승화시켜라

현장에서 뼈대가 굵어진 구성원들로서는 머릿속의 지식을 문서화하는 작업이 어렵고 서툴 수밖에 없었다. 더구나 하루 종일 육체노동에 시달리다가 밤에 다시 사무실에 앉아 문서 시스템을 다루고 정리한다는 것은 솔직히 피곤한 일이었다.

그러나 현장에서는 아무래도 KM 활동이 활발하게 이루어지기 힘들지 않겠느냐는 것은 선입견에 불과했다. 오히려 다른 누구보다도 가장 많은 경험을 보유한 생산 주체이기에 현장 속에서 체득된 지식을 전달하기에는 적격이었다.

힘들고 어려운 상황이었지만 생산 주체의 힘으로 직접 만들어 낸다는 자부심을 가지고 모두들 '경험 많은 농부들처럼' 최선을 다해 과제를 수행했다. 계기 · 전기팀의 강민구 부장은 팀원들의 격려 차원에서 일명 '소주 미팅'이라는 것으로 자유로운 분위기를 조성하며 할 수 있다는 의지를 불러일으키는 데 한몫하기도 했다. Solution Pack을 만드는 과정에서는 팀원 모두가 하나가 되어야 한다는 평범

한 진리가 진가를 발휘하는 시간들이었다.

두 마리 토끼를 잡을 수 있다

KM 추진에 있어서 가장 큰 방해 요인은 업무 외의 일을 한다는 생각이다. 그러나 SK 주식회사의 남다른 기업 정신과 계기·전기팀 원들의 지식근로자로서의 자세는 결과적으로 '업무 효율'과 '기업 이윤 추구' 라는 두 마리 토끼를 잡을 수 있게 했다.

TMS Solution Pack의 성과 중 우선 업무 효율 측면을 살펴보면, 사외 사업 적용은 물론 울산 Complex 내 일상 정비 업무에 계속 활용할 수 있게 되었고, 작업 품질을 제고하여 고객의 신뢰를 확보할 수 있었다. 그리고 유형 효과로서는 TMS 설치 사업을 통해 약 5억 원이라는 수익을 만들어 냈다.

그뿐만이 아니었다. TMS Solution Package는 TMS 사업에 있어서 영업부터 최종 기술 서비스까지의 각 단계별 기준을 확립했다. 이로써 가장 경제적이고 좋은 품질의 자재를 빠른 시간 안에 검토하고 선정하는 일이 가능해졌고, 엔지니어링에서는 주요 시스템들의 명확한 설계 기준이 확립되었다. 또한 현장 특성에 맞는 시공 방법 기준도 확립되었으며, 체계적으로 정리된 TMS 관련 분석 기종들의 운영과 유지/보수에 대한 전문지식들로 인해 제조회사 수준 이상의 기술력 향상이 가능해졌다.

최고가 된다는 마인드를 갖자

울산 Complex가 모델이 되어 시작했던 TMS 사업은 작년에 이어

올해에도 생산기술 사업에 커다란 기여를 하고 있다. TMS 설비는 전국의 모든 회사들이 설치해야 하므로 사업의 규모는 더 확장될 것으로 예측된다. 그러나 계기·전기팀이 개발한 Solution Pack으로 인해 TMS를 처음 접하는 경우라도 쉽게 이해할 수 있게 되었고, 다양한 고객사에 대해 One-Stop Service가 가능하게 되었다.

일의 수행에 있어서 가장 중요한 것은 개인의 마음가짐이다. 계기·전기팀원들은 TMS Solution Pack의 개발 과정을 통해 나도 지식의 전문가가 될 수 있다, 최고가 될 수 있다는 자신감을 확보했다. 또한 KM이라는 것이 결코 어렵거나 나와 동떨어진 것이 아니라는 사실도 알게 되었다. 이들은 Solution Pack의 지속적인 개선을 통해 더욱 업그레이드된 Solution Pack을 위해 계속적으로 보완과 개선에 노력할 계획이다. 그것은 아마도 이들이 효과를 통감한 KM의 CoP 활동을 통해 계속될 것이다.

제 3 장
R&D

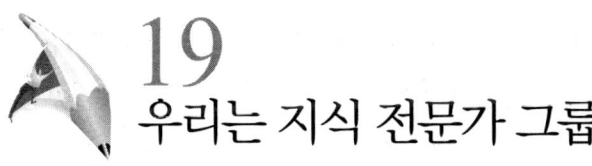

19
우리는 지식 전문가 그룹

정밀화학연구팀

전문가 네트워크 구축과 상호 협력을 통한 연구 개발

현대 사회의 특징으로 급변하는 환경과 그 적응을 위한 지식의 무한한 가능성을 들 수 있다. 그러나 개인의 힘으로 쌓아 나가는 지식과 경험에는 한계가 있다. 때문에 능력 있는 사람들과의 협력(Collaboration)이 필요한 것이다. 이러한 네트워크를 잘 활용한다면 문제 해결과 의사 결정에서 다른 경쟁자보다 앞서 나갈 수 있게 될 것이다. 폭 넓은 지식과 경험을 필요로 하는 촉매 분야에 대한 전문가 Map을 구축하여 협력 관계를 원활하게 하고, 새로운 아이디어와 연구 개발 프로젝트를 효율적으로 수행한 사례를 살펴보자.

고즈넉하다 못해 발소리마저 죽여야 할 만큼 차분한 기류가 흐르는 대덕 R&D Center. 그곳에서는 전문 지식을 가진 인력들이 한자리에 모여 제품의 품질 향상과 연구 개발에 심혈을 기울이고 있었다. R&D Center의 다른 팀들과 마찬가지로 정밀화학연구팀 역시 구성원 모두가 각각 맡은 분야에서 내로라하는 전문가들로 이루어진 팀이다.

정밀화학연구팀은 유기 합성을 통해 정밀 화학제품을 생산하는 화학 공정 개발과 석유화학 공정의 촉매 개발을 담당하고 있다. 석유에서 나오는 대부분의 제품들이 촉매 공정을 통해 생산된다는 면에서 촉매는 석유화학 분야에서 무척 중요한 기술이라 할 수 있다.

그러나 촉매 반응은 대략 50여 종류에 달하기 때문에 촉매를 연구하는 사람이라고 해서 모든 반응에 능통할 수는 없다. 병원도 내과, 산부인과, 이비인후과 등으로 나누어지듯 촉매 전문가 역시 반응에 따라 분류되어야 할 필요가 있다. 이러한 필요성에 의해 구축된 것이 촉매 전문가 Map이었다.

지식이력서의 작성

정밀화학은 비교적 작은 규모이지만 부가 가치가 높아 매우 촉망받는 분야이다. 그 과정에서 촉매 공정은 중추적인 역할을 하고 있지만, 그에 비해 촉매 인력은 절대적으로 부족한 상황이었다. 정밀화학연구팀뿐만 아니라 사내를 통틀어 약 20여 명 정도만이 촉매 전문가라 할 수 있었다. 인력이 충원되지 않는 한 현재 보유 인력을 효율적으로 관리해야 일의 능률을 올릴 수 있는 상황이었다.

그러나 당시는 촉매 반응 전문가들이 혼재되어 있는 상황이었다. 예를 들어, A라는 촉매 반응을 연구해야 할 때는 A 반응에 능통한 전문가를 찾아내는 게 최선이다. B 반응이나 C 반응에 능통한 사람이 A 반응에 쓰인다면 비효율적일 수밖에 없다. 뿐만 아니라 A 반응 연구에 능통한 전문가마저도 충분히 활용하지 못하는 것이 된다.

촉매 반응별로 누가 최고인지 알 수 있다면? 그렇다면 답은 나온 셈이었다. 전문가 Map이 바로 문제 해결의 열쇠였다. 해당 분야의 유경험자가 있는지, 그가 누구인지 바로 알 수 있게 된다면 그 전문가에게 업무를 맡기거나 도움을 받아 연구 생산성을 크게 향상시킬 수 있을 것이다.

그러던 중 2001년 말 R&D Center의 특성에 맞는 KM으로 각 개인의 지식 경력 List화 작업이 추진되었다. 바로 '지식이력서'였다. 지식이력서를 활용하면 촉매 분야 전문가 Map 구축이 한결 수월해질 수 있었다.

최고를 찾아내라

연구소 내 촉매 담당 인원은 20명 가량이지만, 촉매 CoP 회원이거나 현재 촉매 일을 하고 있지 않은 사람이라도 관련 경험을 보유하고 있다면 모두 전문가로서 충분히 활용할 만한 인재들이었다.

일단 촉매 업무 경험이 있거나 촉매를 전공한 사람들에게 개인 지식이력서를 작성하도록 유도했다. 개인의 전문 지식을 촉매 제조, 반응, 촉매 분석, 반응 장치로 나누어 기술하도록 했고, 촉매 반응의 경우에는 50개의 반응 분류에 따라 경험 유무를 작성하도록 하는 방식을 이용했다. 또한 대학원과 타 회사, SK 주식회사 내에서의 연구 내용도 모두 기입하도록 했다. 각 세부 분야의 최고를 찾아내 전문가로 인정하고 공포하기 위함이었다. 이러한 맥락에서 전문가 Map은 서로가 가진 지식을 적극적으로 공유하는 지식경영의 지름길이기도 했다.

촉매 전문가 Map 구축

작성된 개인이력서를 취합하고 누락된 자료의 보완, 수정 작업을 거쳐 촉매 제조, 반응, 촉매 분석, 반응 장치의 네 가지 영역으로 분류하는 작업이 2개월에 걸쳐 이루어졌다. 여기에서 그치지 않고 촉매 전문가들의 전문 영역, 팀별 분포, 연구 경력 등을 총괄하는 전문가 현황 표를 추가로 작성하였다.

이제 새로운 영역의 연구를 시작하거나 기안을 작성할 때 종이 형태의 문서 화일을 찾아 헤맬 필요가 없었다. 시간과 비용을 들이지 않고 전문가 Map을 통해 직접 자문을 얻어 업무 효율을 향상시킬 수 있게 된 것이다. 이렇게 하여 기존 업무 프로세스를 개선하다 보니 원가가 낮아지고, 수익이 높아지며, 생산성도 향상되는 일석삼조의 효과를 거둘 수 있었다. 이에 기존 업무 프로세스를 답습하던 사람들도 전문가 Map의 효율성을 새삼 확인할 수 있었다.

KC와 팀장의 리더십

그러나 전문가 Map의 초기 형태인 개인 지식이력서를 취합하는 과정에서부터 어려움이 따랐다. 기존 형식 답습에 익숙해 있던 연구원들에게는 귀찮은 일이라는 생각이 지배적이었다. 이런 인식 때문에 지식이력서 작성에 소홀하다 보니 누락된 자료가 많을 수밖에 없었다.

우선 팀장과 KC의 본보기 사례가 있어야 했다. 그들이 꼼꼼히 작성한 지식이력서는 개개인에게 기본 양식이 될 수 있었고, 이것을 참고하다 보니 점차 완성된 Map의 구성도를 잡아 나갈 수 있었다.

전문가 집단의 상호 협력

KM 분위기 조성을 목적으로 시작된 지식이력서는 촉매 전문가

Map을 만들게 된 원동력이 되었다. 그만큼 KM의 파급 효과와 활용 분야는 무한하였던 것이다. 전문가 Map으로 업무의 효율성을 창출 하기 이전에도 정밀화학연구팀원들은 개별적으로 CoP 활동을 하고 있었다. 이런 경우 각 CoP 내의 활동은 활발해도 CoP 간의 상호 협 력은 소홀할 수밖에 없었다. 이 때문에 전문가들 사이의 의사 소통 이 개인적인 차원에서 그쳐 버리는 경우가 많았다. 그러나 이제 촉 매 CoP 안에 전문가 Map이 만들어짐으로써 전문가들의 커뮤니케이 션 및 지식 공유가 체계적으로 이루어지게 되었다.

"전문가 Map이 구축되면서 연구에 대한 의욕이 많이 고무될 수 있었던 것 같습니다. CoP에도 아이디어를 많이 올리게 됐구요. 하 지만 어느 분야에 누가 전문가인지 알게 되니까 귀찮은 점도 있더라 구요. 유기 합성 분야에 정 부장이라고 아이디어를 많이 내시는 분 이 계신데, 촉매 공정별 전문가가 만천하에 드러나고 나니까 촉매하 고 유기 합성을 연계시켜 새로운 걸 만들어 보자고 자꾸 절 괴롭히 네요."

정밀화학연구팀의 오승훈 연구원은 연구원들이 훨씬 의욕적으로 일하게 됐다며 전문가 Map의 효율을 자랑했다. 이처럼 전문가 Map 작성 후, 경험하지 않은 분야에 대해서도 협력하고자 하는 분위기가 형성되고 있었다.

Career Development 효과

촉매 전문가 Map은 해마다 최신 정보로 수정하는 과정을 거치게 될 것이다. 이를 통해 개인의 전문 지식 신장도를 바로 측정할 수 있으며, 새로운 전문 지식을 확보할 수도 있다. 전문가들이 신규 지식을 획득하고, 부족했던 촉매 기술에 관한 지식도 팀 내에서 체계적인 핵심지식으로 정립할 수 있음은 물론이다. 전문가 Map을 만들기 위한 지식이력서를 작성하는 과정은 연구원들에게 자신의 연구 경력에 대한 반성의 기회가 되기도 했다. 이는 개개인에게도 앞으로의 Career Development에 좋은 자극이 될 것이다.

정밀화학연구팀은 앞으로 업무를 잘 정형화시켜 정제된 지식을 만들어 내는 Solution Pack 개발에도 관심을 기울일 예정이라며 당찬 포부를 밝혔다.

KM은 목표로 향하는 지름길이다

촉매 전문가 Map은 개인이 보유한 지식을 파악하고 모두가 공유할 수 있도록 유형화하여 회사의 자산이 되도록 했다는 데 큰 의의가 있다. 이것이 바로 궁극적인 KM의 목표라 할 수 있겠다. 오승훈 연구원은 시작에서부터 목표 달성까지의 단계를 줄여서 가장 빠른 길로 가게 하는 것이 KM의 효과라고 했다. 시행착오를 최소화하여 목표를 향해 최단 거리를 설정하는 것, 그 길을 만들어 주는 것이 바로 KM의 역할이라는 말이다.

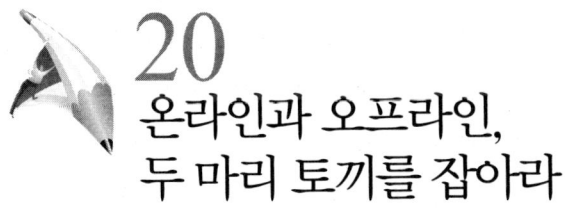

20
온라인과 오프라인,
두 마리 토끼를 잡아라

생명과학연구팀

신규 사업 분야에서의 학습 조직 운영을 통한 핵심지식 확보

미래의 핵심 기술로 부상하고 있는 생명공학 분야의 신규 사업은 내부 구성원들이 새롭게 창출해야 하는 분야이다. 이에 각자 전공 분야가 다른 구성원들이 모여 회사의 전략적 사업 분야에 대한 학습 조직을 운영하고, 이를 통해 팀의 핵심지식을 확보해 낼 수 있었다. 이 사례는 조직의 전략적 목표와 학습 조직을 연결하여 운영하는 방법, 그리고 학습 조직을 통해 팀의 핵심지식을 확보하는 방법을 보여 주고 있다.

"21세기는 생명과학의 시대죠. '바이오'라는 말, 이제 결코 낯선 단어가 아니잖아요?"

몇 년 전부터 미래 성장 산업으로 꼽히는 생명공학 사업에 국내의 주요 대기업들이 경쟁적으로 뛰어들고 있다는 것은 이미 잘 알려진 사실이다. SK 또한 생명과학 사업을 20세기의 정보 통신에 이어 21세기를 이끌어 나갈 유망 산업으로 인식하고, 에너지·화학, 정보 통신에 이은 신규 성장 축으로 육성하고 있는 상황이다.

생명과학 사업을 회사의 제3의 성장 축으로 발전시키려면 해당 분야에 대한 핵심지식 확보는 필수적이다. 이에 생명과학사업팀에서는 SK의 생명과학 사업 마스터플랜을 작성하였다. 여기에서 생명과학연구팀의 역할은 생명과학 사업의 성공적인 진입 기반을 구축하기 위해 필요한 핵심 기술들을 확보하는 것이었다. 이를 위해서는 생명과학 사업에 필요한 기술을 조사하여 팀원들이 구축할 핵심지식에 대한 정의를 내려야 했으며, 사내·외의 다양한 지식과 정보의 교류 및 연구를 통해 팀원들의 지식 수준을 올리는 과정이 필요했다. 바로 이러한 부분을 채워 줄 수 있었던 것이 KM, 그중에서도 CoP를 통한 학습 조직의 운영이었던 것이다.

전문화된 CoP를 만들자

"보다 고차원적인 수준의 팀이 되려면 당연히 구성원 모두의 수준이 높아져야겠죠. 이를 위해서는 끊임없는 자기 계발과 학습이 이루어져야 한다고 생각합니다. 학습 조직도 그래서 필요한 거죠. 한 사람이 알고 있는 양보다는 두 사람이 알고 있는 양이 많을 테고, 또 두 사람이 알고 있는 것보다는 다섯 사람이 알고 있는 내용이 많을 테니까요. 그 지식들이 서로 공유된다면 자연히 조직의 수준은 상승하게 되어 있습니다. 새로운 지식과 핵심지식을 발견하고 공유하기 위한 방안으로 학습 조직이 필요하게 되었고, 그러한 저희의 요구와 맞아떨어진 것이 KM이었던 거죠."

김성홍 과장의 말처럼 생명과학연구팀에서는 일차적으로 기존에 수행 중이던 과제를 크게 세 가지로 구분하여 각각의 CoP를 개설하였다. 그리고 이와는 별도로 팀 내에 구축해야 할 핵심적인 지식들을 팀 구성원들이 함께 공유하고, 팀의 전문 지식을 향상시키는 학습 조직의 활성화를 통해 핵심지식들을 지속적으로 창출할 수 있도록 지난 2000년 12월 Bio-Square CoP를 개설하였다. 생명과학연구팀 13명과 이전에 생명과학연구팀에 몸담았던 미국 현지 법인 소속의 연구원 2명, 이렇게 모두 15명으로 CoP는 구성되었다.

개설 이후 Bio-Square CoP는 핵심지식의 분류 체계 구축과 함께 지식 Library를 운영하는 활동부터 시작했다. 팀 내에서 수행 중이던 연구 프로젝트 분야를 포함한 9개의 디렉터리로 구성된 지식 Library를 만들어 운영하고, 9개의 디렉터리 아래 세부적인 서브디렉터리를 이용해 우수한 분류 체계를 가진 지식 창고로의 활용을 지향하였다. 특히 등록된 자료를 중심으로 2주마다 한 번씩 Journal 클럽을 운영하여 정보 공유를 활성화시켰다. 이 지식 Library에 등록된 자료로는 기술 동향, 참고 문헌, 발표 및 보고 자료, 뉴스, 프로토콜 등이 있으며, 생명과학연구팀 내 소모임과 연계된 활동 내용 등도 담아 자칫 흥미를 잃기 쉬운 부분을 보충하였다.

오프라인 모임은 CoP를 활성화시킨다

팀 내에서 운영되었던 Journal 클럽은 CoP의 점진적인 활성화, 구성원들의 관심 유발, 아울러 구성원들의 전문 지식 배양이라는 목표에 따라 추진되었다. 먼저 동기 유발을 위해 왜 이러한 활동을 하는 것인지에 대한 목적을 분명히 명시하여 팀원들이 공감하게 하였다. 발표자는 자료 준비 과정을 통해 관심 있는 분야에 대해 보다 전문적인 지식을 배양할 수 있다는 것, 참여자는 비교적 짧은 시간 안에 다른 분야의 주요 내용을 습득할 수 있다는 점, 또한 수행 연구와 직접적인 관련이 있는 자료에 대한 구성원들 간의 토의를 통해 새로운 연구 방향을 탐색할 수도 있다는 점 등이 바로 그것이었다.

기왕 부딪혀 보기로 한 일, 중도에 포기할 수는 없었다. 이에 팀원들은 운영 기간과 방법 등을 가능한 한 구체적이고 명확하게 정하기로 하였다. 우선 운영 기간은 2001년 2월부터 그해 7월까지의 6개월로 정하고, 매월 1 · 3주 금요일에 2명씩 발표를 하여 이에 관련된 토의를 진행하기로 했다.

총 12회로 구성된 프로그램 중 3주째 발표는 부서 월간 회의와 함께 진행하였고, 발표 자료는 사전에 공지하거나 CoP에 등록함으로써 참여자들도 사전에 내용을 알고 토의 자료를 준비하여 보다 충실한 토의가 될 수 있도록 하였다.

자료 선정은 CoP 내 등록된 자료 중에서 자유롭게 선택할 수 있으며, 만일 등록되어 있지 않은 경우에는 신규로 등록할 수 있게 하여 논의의 폭을 넓혔다. 그리고 책임감을 높이고 준비 기간도 충분히 주기 위해 발표자들의 명단도 미리 정해 두었다.

Journal 클럽이 새로운 그룹 스터디를 낳다

Journal 클럽 운영은 개인의 업무 때문에 발표가 다소 지연되는 경우도 있었으나, 무리 없이 계획대로 이루어졌다. 여기에서 발표 · 토의된 내용은 CoP에 게시됨은 물론 구성원들의 자유로운 토론을 통해 향후의 학습 주제로 재창출되기도 함으로써 그 성과를 입증하였다.

Journal 클럽의 후속 운영 방안으로 도출된 Protemics 관련 지식에 대한 그룹 스터디도 운영되었다. 이는 생명과학연구팀에서 구축할 필요성이 있는 핵심지식을 주제로 하였으며, 구성원들의 전문적인 지식을 향상시키고 학습 조직이 활성화되도록 하여 핵심지식 창출의 기반을 구축한다는 것에 그 목적을 두고 진행되었다. 우선 내용에 적합한 참고 자료를 정하고 지원자 중심의 스터디를 운영하였다. 발표를 하지 않는 사람도 참여가 가능하게 하여 질의 · 응답을 통한 스터디 효과를 높였다. 2주일에 한 번씩 5회에 걸쳐 실시된 그룹 스터디는 모든 발표가 계획대로 진행되는 등 원활한 모습을 보였고, 발표된 내용은 물론 CoP에 게시되었다. 또한 운영 기간 중에 학습의 질과 구성원들의 호응도를 높이기 위해 사외 전문가를 초청하여 세미나를 개최하기도 하였다.

이를 통해 구성원의 전문 지식은 향상되었고, 2001년 생명과학연구팀의 KPI 중 하나인 2D Gel Electrophoresis 기술을 확보하게 되었다. 또한 그룹 스터디를 통해 또 다른 과제를 도출하여 현재 생물정보학에 대한 학습을 진행 중에 있다.

"학습 조직이라는 것은 누가 시켜서 하는 것이 아니라 스스로 알아서 운영해 나가는 거잖아요. 그런데 이 '스스로 학습'이라는 것이 말처럼 쉽지는 않아요. 특히 저희같이 원래 업무가 있는 사람들은 따로 시간을 내어 무언가를 준비하고 참여한다는 것에 대해 다소 부담스러운 것이 사실입니다. 새로운 분야에 대해 공부를 하다 보니 어려운 점도 따르기 마련이구요. 이 때문에 저희 운영자 측은 발표자에게 소정의 선물을 증정한다든가 직능 점수를 부여하는 방법을 동원했습니다. 그렇게 해서라도 꼭 필요한 일이라고 여겼기 때문이죠.

덕분에 학습이 지연되는 경우는 있었어도 빠지는 일은 없었습니다."

KM을 통해 핵심지식을 창출하다

이렇게 Bio-Square CoP를 개설하여 운영한 후 팀 내에는 여러 가지 형태로 존재하던 정보와 지식들을 체계적으로 분류하여 공유하는 문화가 형성되었다. 즉, 연구 동향에 대한 즉각적인 게시는 물론이고 정리된 실험 과정 및 결과들을 보고서 형태로 게시하여 지속적인 지식을 창출하고 있다. 특히 두 차례에 걸친 Journal 클럽 및 그룹 스터디를 통하여 학습 조직의 활성화가 가능해졌을 뿐 아니라 생명과학연구팀의 중요 분야에 대한 핵심지식 창출이 가능해졌고, 구성원들의 능력과 전문 지식의 향상을 통해 다양하고 새로운 아이디어의 공유가 가능해졌다.

이처럼 핵심지식이 충분히 확보되면 Solution Pack을 통한 지식의 상품화도 가능해질 것으로 보이며, 생명과학 사업의 성공적인 진입 기반 구축을 위한 핵심역량의 보유도 가능해질 것이다.

"최근 보도를 통해 SK가 KM을 잘하기로 소문이 났더라구요. 그런 이야기를 들으면 우리도 한몫을 한 것 같아 괜스레 뿌듯해지기도 하는데요, 얻기 힘든 명성을 얻은 만큼 그것을 유지하는 것 또한 상당히 중요한 일이라고 생각합니다. 저희의 경험에 비추어 보면 특히 신규사업 쪽에서는 학습 조직의 운영 확산이 중요합니다. 이에 대한 전사 차원의 지원도 아낌없이 이루어져야겠죠. 어렵게만 생각하지 말고 벽돌을 쌓듯 차곡차곡 체계적으로 임한다면 KM이란 건 그리 멀고 어려운 것만은 아닐 것입니다."

생명과학연구팀의 김성홍 과장은 학습 조직을 통해 지식의 성과물을 쌓아 나가는 과정에서 KM과 더욱 가까워질 수 있었다. 이처럼 학습 조직의 체계화는 여러 번 강조해도 지나치지 않으며, CoP는 이를 위한 경영도구의 역할을 충분히 수행하고 있다.

CoP의 활성화를 위해서는 온라인상의 커뮤니케이션도 물론 중요하지만, 연구소의 특성상 학습 조직의 운영을 통한 조직 구성원의 전문 지식 및 능력을 향상시키는 것도 이에 못지않게 중요한 일이다. 여기에서 정리된 핵심지식을 지속적으로 창출하고 집대성시킨다면 향후 지식을 근간으로 하는 사업의 핵심역량을 구축하는 데 큰 도움이 될 것이다. 특히 생명과학 사업과 같이 새로운 기술이 하루가 다르게 발전하는 사업 영역에서는 기반 기술의 구축을 위해 오프라인 미팅이나 그룹 스터디를 통한 지식 공유와 학습을 위한 노력이 함께 이루어진다면 실로 엄청난 지식이 창출될 수 있을 것이다.

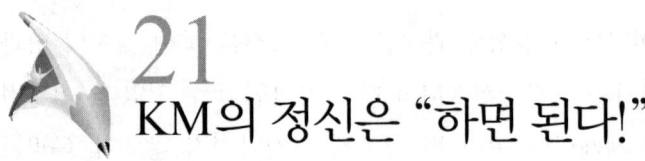

21
KM의 정신은 "하면 된다!"

화학제품기술팀

KM을 활용한 효율적 제품 규격 관리 및 지식과 경험의 Package화

이 사례는 두 가지 내용을 다루고 있다. 하나의 제품 규격에 대해 같은 정보를 가지고 있지 못하면 불량이 발생하거나 시간 지연으로 인한 경쟁력 약화를 초래할 수 있으므로, 이를 위해 최신의 제품 규격을 효율적으로 관리할 수 있는 체계를 구축한 사례가 그 하나이다. 그리고 다른 하나는 신제품 개발의 지식과 경험을 Package화한 사례이다. 새로운 기술을 고객이 그 가치를 알아볼 수 있도록 쉽게 정리하는 것이 중요하다는 판단에서 만들어진 Plastomer Solution Pack을 통해 언어와 사고방식이 다른 외국 회사와의 마케팅에서도 성공할 수 있었다.

SK 주식회사 대덕 R&D Center는 연구 개발이라는 특성상 철저한 보안 시스템 하에 운영되고 있었다. 그 안에서 SK 주식회사에서 생산되는 모든 제품의 연구 개발이 이루어지고 있는 것이다.

그중에서 화학 사업 부문의 R&D를 담당하고 있는 화학제품기술팀은 화학 사업을 위한 제품 개발, 고객 기술 지원이라는 업무를 맡고 있다.

연구 단지에 관한 선입견 중에는 울산 Complex와 같은 생산 부문보다 KM 활용에 한결 유리한 입장일 것이라는 생각도 있었다. 하지만 연구 개발의 특성상 보안이라는 측면 때문에 지식 공유에 한계가 있을 수밖에 없다는 난점이 있었다. 그러나 R&D Center의 연구원들은 그러한 보안상의 한계를 극복하고 KM 시스템을 효율적으로 활용하고 있었다. 화학제품기술팀은 최근 Polymer 제품 규격 관리와 Plastomer의 지식사업화라는 부분에서 커다란 성과를 올린 바 있다. 그만큼 KM의 활용도는 무한하며, 가치를 인정받고 있다는 증거일 것이다.

Polymer 제품 규격의 지적자산화

Polymer 사업은 공급 과잉으로 인해 치열한 품질 경쟁 상황에 놓여 있다. 이를 위해 품질의 차별화와 고기능성, 고부가 제품으로서의 전환이 필요함은 물론 신규 제품의 개발이 수시로 진행되어야 한다는 과제를 안고 있는 상황이었다. 또한 고객의 요구와 시장 환경의 변화에 따라 제품 규격의 신속한 변경도 함께 이루어져야 했다.

Polymer 제품 규격은 제품 생산을 위한 핵심지식으로서, Polymer 연구 개발의 결정체이다. 대략 250여 개에 달하는 제품 규격은 변화하는 시장 상황에 맞추어 즉각적인 변경 작업이 따라 주어야 한다. 이를 위해서는 기존 제품의 물성과 특징, 생산 조건 및 첨가제 종류 등의 제품 규격을 철저하게 파악해야 하며, MPR 간의 공유도 완벽하게 이루어져야 한다. 또한 신제품 개발의 규격 제정은 ISO 규정에 따라야 하며, 문서화할 필요성도 있었다.

제품의 경쟁력 강화를 위해서는 이 모든 것이 선행되어야 한다. 그러나 제품 규격이 변화할 때마다 골치를 앓곤 했다. 일단 제품 규격이 정해지면 공장의 생산에서 판매까지 그대로 이어지기 때문에 MPR 간의 커뮤니케이션이 원활해야만 했다. 그러나 기존 종이 문서의 관리를 위한 관리 시스템으로는 문제가 많았다. 제품 규격이 자주 변경되다 보니 제품 규격이 바뀐 후에도 MPR의 어떤 분야에서는 여전히 변경 전의 제품 규격을 갖고 있는 경우가 발생할 수도 있는 것이다. 이러한 혼선을 정리하다 보면 제품이 아무리 좋아도 '시간'이라는 경쟁력 싸움에서 뒤질 수밖에 없었다.

이러한 난제를 해결하기 위해 화학제품 기술팀에서는 KM 추진팀의 도움을 받아 Solution Pack을 개발하기로 했다. Solution Pack을 통해 Polymer 사업의 전 구성원이 제품 규격을 Real Time으로 공유하고, 신속한 제 · 개정 작업이 이루어질 수 있도록 하는 것이 가장 큰 목적이었다. 또한 Polymer 제품 규격을 지적자산화함으로써 기업 가치 제고의 시너지 효과도 가져올 수 있을 것으로 기대했다.

제거하지 못하는 장애 요인은 없다

Solution Pack 개발에 앞서 우선 Polymer 사업 전 구성원들의 협의를 거쳐야 했다. 콘텐츠 구조에 있어서 개인의 취향 차이에 따른 의견 충돌이 있었지만 MPR 전 구성원들 간의 거듭된 Can Meeting을 통해 기본 아이디어를 도출하고 담당자를 정해 구체화 작업을 진행할 수 있었다.

개발 초기 단계에서 가장 먼저 부딪친 문제는 제품 규격 Solution

Pack의 형태가 실시간 변경이 가능하도록 온라인상에서 운영되어야 한다는 것이었다. 오프라인의 CD-ROM에 정형화된 모습으로 저장되어 활용되는 기존의 Solution Pack과 달리 온라인 형태로 운영하기 위해서는 더 많은 인력과 비용이 필요했고, 이제껏 온라인 형태로 만들어진 경우가 없었던 터라 IT 프로그래밍은 더욱 쉽지 않았다. 그렇다고 해서 온라인 형태를 포기할 수는 없었다. 서울과 울산, 대전에 퍼져 있는 MPR/S 간의 신속한 커뮤니케이션을 위해 Solution Pack의 형태는 반드시 온라인 형태로 만들어져야 했다.

KM 추진팀과의 계속된 토의와 아이디어 회의를 통해 온라인의 형태로 된 Polymer 제품 규격 Solution Pack의 구축에 돌입할 수 있었다.

평상시의 자료 정리 습관이 필요하다

어마어마한 분량의 기초 자료였다. 막상 개발에 돌입한 팀원들은 지난 자료들의 정리 과정에서부터 질리지 않을 수 없었다. 종이 형태의 문서로 보관되어 있는 자료도 상당했고, 개인 PC마다 저장된 자료의 향방을 알아내는 일도 쉽지 않았다.

결국 자료 정리를 위해 외부 인력의 도움을 받아야 했다. 창고에 먼지와 함께 쌓여 있는 자료들을 데이터베이스화시키고 나니 더 이상 예전처럼 자료를 찾기 위해 동분서주할 필요가 없었다. 게다가 데이터베이스화한 자료들이 모두 업무와 관련된 것이라 업무 효율도 향상될 수 있었다. 평소에 자료를 정리해 두었더라면 업무를 수월하게 진행할 수 있었을 것이라는 생각이 들었다. 자료를 체계화하는 단순한 습관 하나가 일의 효율을 높이는 관건이 될 수 있는 것이다.

제품 규격 Solution Pack의 성과

온라인 형태의 제품 규격 Solution Pack은 Polymer 사업에 많은 이점을 안겨 주었다. 이제 최신의 규격이 전해지지 않아 불량 제품을 생산할 우려는 사라진 것이다. Solution Pack을 통해 MPR/S 전 구성원에게 제품과 관련된 전문적인 최신 지식을 제공할 수 있게 되었고, 실시간 커뮤니케이션을 통한 정보 공유로 업무 효율이 향상된 것은 물론이었다. 또한 MPR/S 각 조직별 제품 규격 담당자를 없앰으로써 인력 비용이 절감되었으며, 제품 규격 제·개정에 소요되는 시간도 단축시켜 제품의 경쟁력도 강화되었다.

ISO 규정에 따라 인쇄 보관해야 했던 종이 문서도 모두 Package 안에 저장되어 해당 업무자 없이도 버튼 하나로 사업에 관한 모든 부분을 열람할 수 있게 되었다.

이미 개발된 Polymer 제품규격 Solution Pack은 앞으로 제품 개발의 역사를 관리하여 제품 및 기술 동향을 파악하고 개발 전략 수립 및 지원을 위한 유용한 경영 도구가 될 수 있을 것이다.

자신과의 약속에 철저하라

개발의 성공 요인으로 빼놓을 수 없는 것은 리더의 신념과 추진력이다. 다들 자신이 맡은 연구 분야에 몰두하다 보면 따로 시간을 내기가 어려운 법이다. 개발이 완성된 다음에는 그 효율성을 절감하게 되지만, 개발을 준비하고 진행할 때 팀원들의 참여를 유도하기란 쉽지 않았다. 지금도 그다지 불편한 게 없지 않느냐, 허울뿐인 시스템이 되지 않겠느냐는 등의 회의적인 목소리도 높았다. 개발과 관련해 자신이 맡은 콘텐츠의 기한을 지키지 않는 사람도 많았다.

무엇보다도 자신이 왜 그 일을 해야 하는지를 이해하고, 그 일로 인한 효율성을 고려하여 적극적으로 참여하는 것이 중요하다. 때문에 리더는 강한 신념과 추진력으로 팀원들 스스로 필요성을 느낄 수 있도록 동기를 부여하는 역할에 충실해야 한다. 이와 같은 신념으로 팀원들을 이끌었던 채성석 수석연구원은 더불어 각자의 책임감에 대해서도 강조했다.

"동기 부여도 중요하지만, 자신에게 맡겨진 일에 대한 책임감이 있어야 합니다. 기술 지원을 할 때도 그래요. 정해진 기한을 잘 지키는 사람이 있는가 하면 매번 늦는 사람이 있죠. 그런 부분을 가볍게 생각하는 게 문제예요. 스케줄 관리는 곧 자기와의 약속인 겁니다."

팀원들에 대한 관심과 배려, 개발에 대한 신념, 그리고 팀장으로서의 책임감은 또 다른 형태의 '자신과의 약속'으로, Solution Pack의 성과를 앞당길 수 있었던 요인이었다.

보안 문제의 해결

Polymer 사업과 관련된 CoP는 개발 이전부터 존재했다. Solution Pack은 그 안에서 논의되어 왔던 문제들을 구체화시킨 것뿐이었다.

제품 규격은 Polymer 사업의 핵심인 만큼 Package화하는 문제에 대해 많은 사람들의 동의를 얻을 수 있었다. 그러나 한편으로 보안에 대한 우려의 목소리도 높았다. 이에 구성원에 대한 개인별로 보안 수준을 설정하기로 했다. MPR/S 모두가 제품 규격을 공유할 수 있게 하되 접근할 수 있는 권한을 분류하여 보안상의 만전을 기함으로써 또 하나의 장애 요인 역시 가볍게 뛰어넘을 수 있었던 것이다.

독자 개발에 성공한 Plastomer

화학제품기술팀 내에는 제품 규격 Solution Pack 개발 외에 한편에서는 Plastomer Solution Pack 개발이 이루어지고 있었다. 이는 Polymer 제품 규격 Solution Pack 활용과 같은 긍정적 선례의 영향도 지대했다고 할 수 있을 것이다.

Plastomer란 특수 Polymer의 하나로서, 올레핀계 Thermoplastic과 Elastomer의 합성어이다. TPE(Thermoplastic Elastomer), 즉 Plastomer 는 플라스틱과 고무의 장점을 결합시킨 형태라 할 수 있다. 첨가제를 넣어 화학 반응을 통해 만들어지는 고무는 재사용이 불가능한 반면 플라스틱은 재사용이 가능하다는 장점이 있다. 이처럼 Thermoplastic의 장점과 Elastomer의 탄성을 모두 갖춘 새로운 개념의 Polymer가 Plastomer(TPE)였다.

일반적으로 쓰여 왔던 연질 PVC와 고무는 재활용할 수 없다는 단점을 가지고 있었고, 환경 규제 측면에서도 문제가 되어 왔다. 친환경 분위기 조성의 영향으로 세계 TPE 시장의 규모가 팽창되고 있던 80년대 까지도 국내의 TPE 시장은 걸음마 단계였다고 할 수 있다. 그러나 특수 Polymer팀은 1990년부터 TPE에 대한 연구를 시작하여 1993년에는 국내와 아시아에서 'Plastomer'라는 상품명으로 독자 개발에 성공할 수 있었고, 얼마 후에는 국내 TPE 시장의 30퍼센트에 달하는 점유율을 확보하게 되었다.

연구 성과물을 판매한 적은 있지만, R&D Center 내에서 먼저 주관이 되어 사업부가 만들어지고 기술판매에까지 이른 전례는 한 번도 없었다. 그래서 특수 Polymer 연구원들에게 TPE 사업이 주는 의미는 더욱 각별할 수밖에 없다.

Plastomer Solution Pack

SK 주식회사가 개발한 Polymer 제품은 전 세계 시장을 독점하다시피 하는 AES(Advanced Elastomer System)라는 미국 기업의 제품과 비교해도 전혀 손색이 없을 정도의 수준을 갖추고 있었다. 또한 비슷한 제품을 만드는 국내 타 회사에 비해 기술력 수준도 상당히 앞서 있는 상황이었다.

이러한 기술력을 바탕으로 국내 시장은 물론 환경 규제가 엄격한 유럽 및 미국 등의 선진국을 대상으로 한 해외 시장 개발 계획에 착수하였다. 이를 위해 유럽 진출 방향을 설정하고, 현지 컨설팅 업체를 방문하여 조사를 시작했다. 그 결과 현지 영업망이 없는 상황에서는 우선 사업 수행의 위험도가 가장 적은 Solution Pack에 의한 기술 판매로 초기 진입하는 것이 현명하다는 판단에 이르렀다.

KM으로 시간을 창출하라

Plastomer Solution Pack을 만들기 위해 우선 축적되어 있던 자료들을 총망라하는 작업에 들어갔다. 평소 K-Base에 등재된 지식과 특수 Polymer 정보 광장 CoP, 특수 Polymer CoP 내의 지식은 Solution

Pack 개발의 기폭제가 되었다. 이젠 KM 시스템을 활용하여 공유한 지식과 함께 개인의 암묵지로서 잠자던 지식들도 끌어 모아야 했다.

그러나 연구원 개개인에게 흩어져 있는 데이터를 수집하는 일은 생각보다 쉽지 않았다. A라는 정보를 어느 연구원이 보유하고 있는지 알아내는 일도 어려웠고, B라는 정보를 찾다 보니 그것을 보유한 연구원이 퇴사한 경우도 있었다. 게다가 개인마다 분류 기준이 달라 한참을 헤매다가 정작 엉뚱한 곳에서 자료를 발견하는 일도 있었다. 인력과 시간이 불필요하게 소모되는 경우였다. KM 시스템에 저장된 자료는 쉽게 파악하고 찾아낼 수 있었지만, 그 외의 자료들을 얻는 데 시간을 낭비하게 된 것이다. 이러한 시행착오는 Plastomer 개발팀원들에게 KM 시스템의 중요성을 다시 한번 인식시키는 계기가 되었다.

Leader는 팀의 좌표가 되어야 한다

Plastomer Solution Pack 개발과 동시에 독일의 PolyPlast Muller GmbH와 스웨덴의 Polykemi AB, 이탈리아의 Cossa Polimeri로부터 기술 도입 의향서를 받았다. 해외로 확대된 기술 판매로 지식기반 사업을 실현함과 동시에 SK 주식회사의 위상을 높이는 데 기여할 수 있게 된 것이다.

"지금에 와서 말이지만, 시작할 때부터 말도 많고 탈도 많았어요. 부장님의 추진력이 큰 힘이 됐죠. 하지만 우리 손으로 Plastomer 사업을 시작한 지금은 시장 전망도 밝고, Plastomer 분야에 대한 확신도 갖게 되었습니다. 요즘엔 일할 맛이 절로 나요."

Plastomer팀의 정환규 연구원의 말처럼 사실 돌이켜 보면 3년 간의 개발 기간과 개발 완료 후의 판매에 따른 고객 불만 처리 등은 결코 쉬운 여정이 아니었다. 힘들고 긴 그 시간동안 사업부에서조차 포기하려 했던 일이었지만 Plastomer팀 리더의 장기적인 안목이 사업을 계속 추진할 수 있는 동력이 되었다. 이처럼 리더는 팀을 이끄는 좌표의 역할을 맡아 일의 성패를 좌지우지하기도 하는 것이다.

실패는 성공의 어머니

정환규 연구원은 KM을 성공으로 이끌기 위한 또 하나의 관건이 바로 '실패 사례'라고 강조했다. 정 연구원은 Solution Pack 개발 과정을 통해 KM 시스템과 한 몸처럼 가까워질 수 있었다. 하지만 그 속에서 발견한 문제점이 바로 '실패한 기록은 등재되지 않는다'는 것이었다. 기술 판매의 성공 사례도 중요하지만, 실패 사례도 잘 정리되어 있어야 똑같은 실수를 반복하지 않는다는 것이다. 이는 평소 업무를 수행할 때에도 느낀 점이었다. 새롭게 추진하던 일이 지난번에 이미 실패 과정을 거쳤던 일이라는 것을 알게 되는 경우도 많았다. 그런 경우 개인의 의욕 상실은 물론 준비 과정에 따른 에너지 소모와 금전적인 낭비도 함께 수반되는 법이다. 성공 위주의 평가만을 하는 분위기를 지양하고 실패 사례 등재를 적극 권고하는 것도 KM의 효과를 높이는 방안이 될 수 있을 것이다.

User Friendly System

이 2개의 Solution Pack 개발은 화학제품기술팀원들의 KM에 대한 의식을 한결 높일 수 있는 계기가 되었다. 좋고 나쁜 것은 직접 느껴

봐야 아는 법이다. 더구나 개발 과정 속에서 몸소 느끼고 체험한 KM의 가치는 더 말할 필요도 없을 것이다.

제품 규격 Solution Pack은 앞으로도 끊임없이 바뀔 제품 규격에 대해 계속적인 개정이 이루어질 예정이며, Plastomer Solution Pack 도 기술 판매 효과를 높이기 위해 지속적인 사후 관리가 이루어질 것이다.

KM 시스템이든 Solution Pack이든 활용도가 높아야 그만큼의 가 치를 얻어 낼 수 있다. 화학제품기술팀의 이태근 선임연구원은 전사 적인 지식의 정리를 통한 체계화된 분류 작업, 전 사원이 쉽고 편하 게 볼 수 있는 조건이 KM과 가까워질 수 있는 지름길이라고 강조했 다. User Friendly System, 그것은 KM뿐 아니라 모든 업무에 해당되 는 화두일 것이다.

제 4 장
CORPORATE STAFF

22
KM과 업무의 동류의식

법무팀

고객의 요구에 앞선 교육

사내 현업의 법률 상담역을 맡고 있는 법무팀은 현업의 법률 지식 수준이 높아지게 되면 단순하고 반복적인 업무 내용은 최소화하고 보다 고도화된 업무를 수행함으로써 역량을 높일 수 있다. 이를 위해 법무팀에서는 법률과 관련된 K-Base를 운영하여 사내 직원들에게 법률 지식과 정보를 서비스하고, 현업의 법률 지식 수준을 높이기 위해 별도의 교육 과정까지 운영하였다. 고객이 지식과 정보를 찾기에 앞서 미리 제공하는 형태인 Knowledge Push Service를 실천한 사례였다.

클림트(Gustav Klimt)의 '법학'이라는 그림을 보면 법은 인간의 뒤편에 자리한 채 한층 괴리감을 더해 주고 있다. 이처럼 이 시대를 살아가는 사람이라면 누구든 법과 밀접한 관련을 맺고 있음에도 불구하고 법이란 여전히 생경하게 느껴지는 경우가 많다. 어쩐지 딱딱하고 어려울 것만 같은 느낌, 석고상처럼 굳은 얼굴의 판사나 검사로 각인되어 있는 게 법의 이미지이다.

하지만 오늘날 '법'이란 얼마나 다양하고 광범위하게 생활 속에 퍼져 있는가! 사회 구성원이라면 누구나 태어나면서부터 죽을 때까지 법과 관련되어 있으며, 법에 둘러싸여 있다. 회사의 경우도 마찬가지이다. 한 개인이 출생 신고에서부터 결혼, 접촉 사고 등의 사건들을 법으로 처리하듯 회사에서 발생하는 법과 관련된 모든 업무를 전문적으로 처리하는 팀이 필요한 것이다. SK 주식회사에서 그러한 역할을 하는 곳이 바로 법무팀이다.

　법무팀은 회사의 법률 분야에 대한 경영 활동의 컨설팅 역을 담당하고 있다고 볼 수 있다. 우선 주주 총회나 이사회 개최 등 회사 운영 행위가 상법이나 증권 거래법, 공정 거래법 등 관련법이 요구하는 선을 벗어나지 않는지의 여부를 살펴보아야 한다. 그리고 해외 프로젝트나 국내 신규 사업 착수시 필요한 거래 내용을 사업 부서와 함께 회사의 입장에서 정리하고 상대방과 협상하여 계약서 등의 각종 서류에 담아내는 일, 일상적인 회사의 거래 활동에 필요한 계약 내용 검토, 실제 경영 활동에서 필요악으로 생겨나는 Claim에의 대응 등이 법무팀의 역할이라 할 수 있다. 그 외에도 회사 경영 활동의 중요한 이슈나 국내외에 생긴 새로운 법률에 대한 학습과 파급 영향을 예측하여 보고하는 업무도 함께 병행하고 있었다.

　다른 부서도 마찬가지겠지만, 장기적인 계획을 통해 단계를 밟아 나가는 일보다는 수시로 변하는 경영 활동의 최후 해결사로서 당장 눈앞의 수많은 일을 묵묵히 해결해 나가는 곳이 법무팀이었다. 이런 와중에도 KM 시스템을 적절히 활용함으로써 업무 성과를 향상시켰다는 것이 놀라웠다. 그들의 성공 요인은 무엇일까?

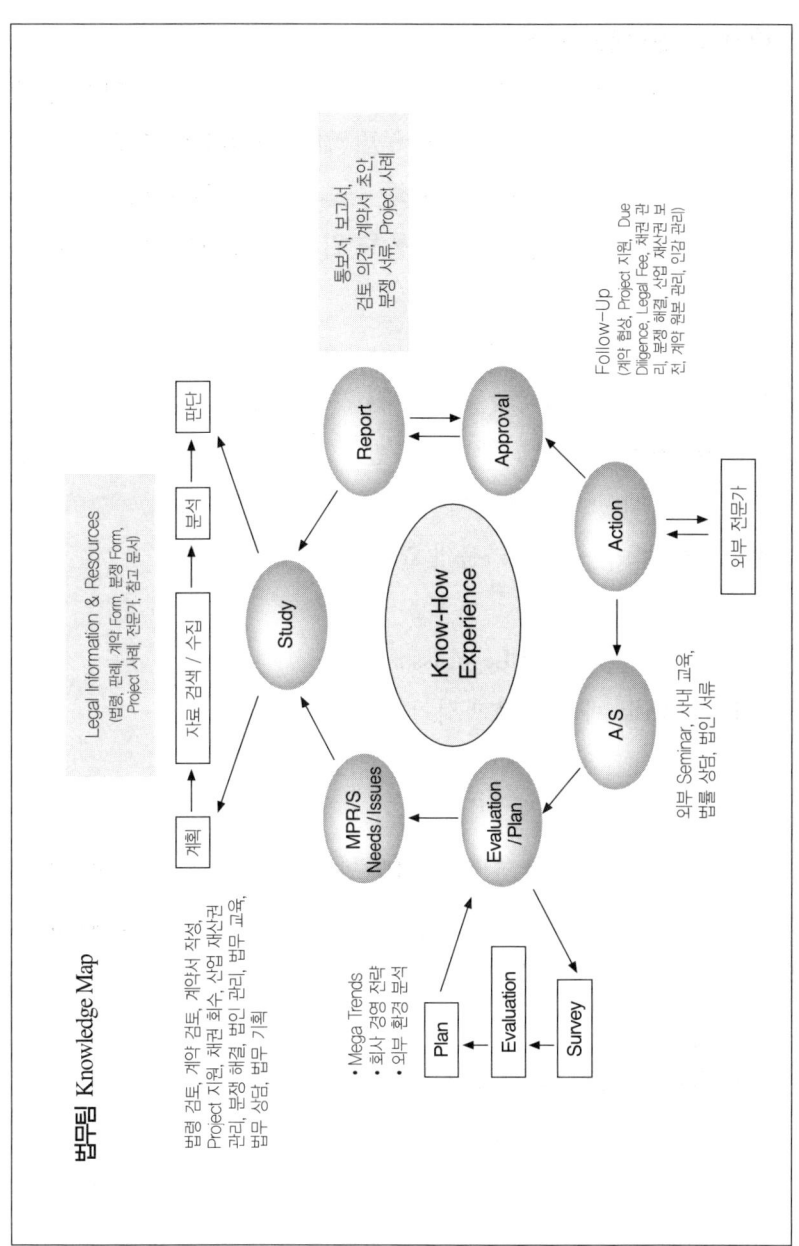

법무팀 Knowledge Map

법령 검토, 계약 검토, 계약서 작성, Project 지원, 채권 회수, 신용 재산권 관리, 분쟁 해결, 법인 관리, 업무 교육, 업무 상담, 업무 기획

Legal Information & Resources
(법령, 판례, 계약 Form, 분쟁 Form, Project 사례, 전문가, 참고 문서)

계획 → 자료 검색 / 수집 → 수집 → 분석 → 판단

Report

Approval

통보서, 보고서, 검토 의견, 계약서 초안, 분쟁 서류, Project 사례

Follow-Up
(계약 협상, Project 지원, Due Diligence, Legal Fee, 채권 관리, 분쟁 해결, 신용 재산권 보전, 계약 완료 관리, 인감 관리)

Action

외부 전문가

Study

Know-How Experience

A/S

외부 Seminar, 사내 교육, 법률 상담, 법인 서류

MPR/S Needs/Issues

Evaluation /Plan

• Mega Trends
• 회사 경영 전략
• 외부 환경 분석

Plan

Evaluation

Survey

Knowledge Map 구축

사실 법무팀은 KM의 방법론 중 IT 활용 면에서는 단연 앞서 있었다. CoP가 활성화되기 전부터 법무팀 업무 게시판이 존재했고, 지난 2002년에는 그것을 법무 CoP로 통합하기에 이르렀다. 그 결과 법무팀 내에는 효율적인 지식 활용을 위한 Knowledge Map이 만들어질 수 있었다.

법무팀은 우선 핵심지식을 파악하는 데 주력했다. 그것은 핵심 역량 확보와 경영 성과 향상에 큰 영향을 미치는 지식으로, 전략적인 측면에서 볼 때 반드시 확보되어야 하는 지식이었다.
핵심지식 분야는 대략 다음과 같이 나뉘어져 있었다.

1. 프로젝트별 Critical Legal Issue 분석
2. Legal Risk 예방 및 효과적인 대응 방법
3. 전문가 네트워크

이처럼 KM 시스템에 등록된 탄탄한 지식들이 원천이 되었기에 국제 계약 과정과 계약 실무 과정, 그리고 Advanced Legal Seminar, 이 모두를 효율적으로 실행할 수 있었던 것이다.

Proactive Legal Service로서의 계약 실무 과정

해당 업무 담당자에 대한 업무상의 법률 상담 및 임직원 개인 용무에 대한 업무 외적인 법률 상담은 A/S 차원으로서 이미 존재하고 있었다. 하지만 법무팀은 회사의 경영 활동에 사전적, 실질적으로

기여할 수 있는 법률 서비스가 없을까 고민하기 시작했다. 그리고 각고의 노력 끝에 생각해 낸 것이 국제 계약 과정과 계약 실무 과정 세미나였다. 법률 상담이 개개인의 차원에서 이루어지다 보니 업무 담당자가 바뀌면 그것으로 끝이었고, 전체적인 파급 효과도 얻을 수 없었다. 이에 국제 거래 업무를 담당하는 직원이나 업무 수행에 법무 지식이 필요하다고 느끼는 임직원들이 참여하는 자발적인 모임을 만들어 Legal Mind를 심어 주어야겠다는 생각에서 국제 계약 과정 세미나가 시작된 것이었다.

이 프로그램은 법무팀원 본인이 회사의 실무를 수행하는 과정에서 파악한 사례를 통해 멀게만 느껴 왔던 법무 지식을 피부에 와 닿도록 생생하게 전달한다는 면에서 대단한 인기를 모았다. 1995년에 처음 시작된 국제 계약 과정은 계약 실무 과정과 Advanced Legal Seminar로 이어져 그 후 매년 2회씩 8년이라는 기간 동안 사내 법무 인력만으로 진행되어 왔다.

CoP의 지식을 재생산하라

계약 실무 과정을 처음 실행할 당시에는 많은 인력과 시간이 소모되고 있었다. 고유의 법무 업무를 담당하면서 한편으로 법무팀 자체의 교재를 제작하고, 강의, 행정 업무 등 교육과 관련된 모든 것들을 준비하기에는 아무래도 역부족일 수밖에 없었다. 이러한 난점을 해결하기 위한 최선의 방법은 바로 법무 CoP를 적극 활용하는 것이었다.

법무 CoP가 만들어진 후 핵심지식을 등록하는 일도 원활히 이루어졌고, 활용도도 높았다. 법무팀의 구성원들은 CoP를 팀 룸으로 활용하며 전자 결재, 전자 문서함, 커뮤니티, 지식 Library, KM 활동을 일원화했다. 또한 사업 부서에 제공하는 법률적 의견의 내실을 기하기 위한 그룹을 만들어 업무 수행에 필요한 모든 정보를 해당 그룹 내에서 수평적으로 공유하고, 업무 수행 뒤에는 타 그룹이 활용할 수 있도록 했다. 개인이 보유한 사업 수행 경험에 대해서도 CoP 등록과 K-Base로서의 지식 이관을 꾸준히 수행했다.

법무 CoP 활용 이후 개선된 점은 한두 가지가 아니었다. 전에는 교재 제작과 진행, 행정 업무 수행, 이후의 과정 평가 보고서 작성에 한 달이라는 시간이 소요되었으나 이제 단 두 번의 내부 회의를 거쳐 이틀 만에 모든 준비를 끝낼 수 있게 되었다. 또한 관련 강의 교재를 법무 CoP에 등록하여 법무팀 변호사(In-House Counsel)의 이직/교체에 따른 교육 진행의 공백을 충분히 보완하고, 교육 내용과 교육 수준의 일관성을 유지할 수 있게 되었다. 그리고 계약 실무 과정에서 습득한 노하우를 활용하여 Sales와 Claim에 대한 부분을 한층 더 강화한 Advanced Legal Seminar와 SK연수원에서 실시하는 '국제 계약 과정'을 개발할 수 있는 수준에까지 이르렀다.

KM을 업무와 일치시켜라

KM 활성화를 위해서는 무엇보다도 KM을 업무 외의 일이 되지 않도록 하는 것이 중요하다. 법무팀은 CoP를 업무와 밀접하게 접목시킨 좋은 예들을 보여 주었다. CoP의 지식들을 신입 사원 OJT 자료와 신임 변호사 선임 시 Project/Claim Follow-Up 자료로 활용하였다. 그리고 임직원의 계약 실무 과정은 물론 외부 법률 자문회사

의견의 축적 및 공유에도 KM 시스템을 적극 이용했다.

또한 KM과 업무와의 접목과 함께 구성원들 각자의 전문 지식을 높이고, 업무를 효율적으로 처리하는 데 KM이 실질적인 도움이 된다는 인식이 필요할 것이다. 꼭 해야 할 일이라는 판단으로 자발적인 참여를 하도록 이끌어 내는 것이 가장 중요하다. 스스로 일구어 내 충분히 보람을 느낄 수 있는 일이 개인에게 부담으로 작용한다면 그것은 가까운 길을 두고 먼 길로 돌아가는 것과 다르지 않을 것이다.

KM은 업무와 잘 융화된 형태로 이루어져야 한다. 물과 기름처럼 이분되어서는 바람직한 KM 활용이라 할 수 없을 것이다. 구르는 돌에는 이끼가 끼지 않을 뿐만 아니라 더욱 빛을 발한다. 단순해 보이던 지식도 KM이라는 틀을 통해서라면 무한한 성과를 이루어 낼 수 있는 것이다.

Easy Access가 이루어져야 한다

계약 실무 과정 운영시 KM을 잘 활용한 법무팀 류치석 과장의 말에 의하면 KM이란 경영 활동에서 자신이 쌓아 온 실무적인 경험을 다른 사람들에게 들려 주는 것이다. 회사 일을 20년 이상 해 온 사람과 갓 입사한 신입 사원과는 분명히 축적된 경험과 지식 면에서 차이가 있다. 따라서 최고경영자나 팀장, KC 등 많은 경험을 보유한 경영층들의 역할이 중요할 수밖에 없다. KM은 단지 시스템만으로 움직이는 것이 아니라, 후배에게 들려줄 만한 얘기나 후임자에게 꼭 필요한 얘기들을 전달하는 것이 바로 KM이라는 것이다.

성공적인 KM을 위해서는 핵심적인 경험으로의 접근이 용이해야 한다. 따라서 경험과 지식을 주는 사람도 쉽고 간편하게, 받는 사람도 어렵지 않게 받아들일 수 있도록 전달하는 방식이 중요하다.

부분적으로는 KM 시스템 자체도 내 집처럼 편안해야 한다. 실제로 사용하는 사람이 어렵고 불편하게 느끼는 KM 시스템이라면 그만큼 사용 빈도도 낮아질 수밖에 없는 것이다.

계속적인 Knowledge 창출을 위해 노력하라

SK 주식회사 법무팀은 확고하게 자리를 잡은 계약 실무 과정에 이어 이제 Solution Pack 개발에 고심하고 있다. 이는 법무팀에서 그동안 작성해 온 각종 계약서 양식과 핵심 문구들을 각 분야별, 주제별로 분류하여 데이터베이스화하고 주기적으로 최신화함으로써 법무팀원 개개인이 활용할 수 있게 하는 데 그 목적이 있다. 이러한 자료들이 구축된다면 교육 효과와 업무 효율이 제고될 수 있을 뿐만 아니라 국외에서도 상당한 호응이 있을 것으로 예상된다. 보안과 인력 보강 측면에서 장기 프로젝트로 남아 있으나, 개발이 완성된 후에는 회사의 가치를 높이는 데에도 일익을 담당하게 될 것이다.

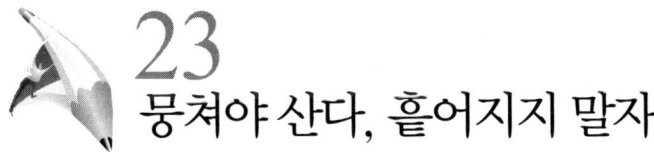

23
뭉쳐야 산다, 흩어지지 말자

회계팀

전문가 이동에 따른 지식 누출 방지

업무 경험이 많은 전문가들이 타 조직으로 이동하거나 퇴직하는 경우, 개인이
보유한 지식과 경험이 함께 빠져나가는 현상이 빈번하다. 이러한 지식 누출을
방지하기 위해 구성원들 스스로 학습 조직을 운영하여 확보된 지식을 CoP를
통해 공유하고, 지속적인 유지와 보완을 이루어 낸 사례이다.

"자, 다음번에는 유신 씨 차례입니다. 준비 확실히 해 오셔야 합
니다!"

"걱정 마세요. 제가 대충 하는 거 보셨습니까? 벌써 준비 들어갔
습니다."

언제부터인가 원가회계 사람들이 뭉치기 시작했다. 무언가 하나
씩 손에 들고는 자신들만의 은밀한 모임을 진행해 나가는 것이었다.
과연 저들이 무엇을 하는 것일까? 무슨 토론을 하는 것 같기도 하고,
공부를 하는 것 같기도 하고…. 주변 사람들은 몹시 궁금해 했다.

지난 2000년과 2001년, 벤처 붐과 신규 사업 확장 등으로 사원들

의 전출입이 잦아지자 회계팀에서도 대책을 마련해야 할 필요성을 느끼게 되었다. 있던 사람이 빠져나가니 자리가 비게 되고, 그러다 보니 업무의 연속성이 저하되고 인수인계에 미흡함이 생기는 것을 막을 수 없었다. 특히 원가회계 쪽은 구성원 5명 중 1년 이상의 경력을 가진 사람이 단 한 명뿐이라 아무리 유능한 사원들이라 해도 문제가 되지 않을 수 없는 상황이었다. 그때부터 그들은 모이기 시작한 것이다.

스터디 그룹으로 시작된 KM

"그때 저희가 할 수 있는 최선의 방법은 지식과 업무 능력을 신속하게 키워 하루빨리 업무의 원래 궤도를 찾는 것뿐이었죠. 그래서 생각해 낸 것이 학습 조직이었습니다. 대학교 때 많이들 해본 스터디 그룹 있죠? 바로 그런 개념입니다. 저희의 KM은 그렇게 시작됐습니다."

KM을 시작하던 무렵을 떠올리는 변종근 부장의 얼굴에 지금 생각해도 현명한 선택이었다는 듯한 표정이 스친다. 회사에 들어와서까지 스터디 그룹을 하게 될 줄은 몰랐지만.

사람은 모자라고 할 일은 늘어나고, 실무와 관련된 상세한 매뉴얼은 부족한 데다가 원가 정보에 대한 요구는 늘어나는 상황에서 그들이 택한 방법은 힘을 합치는 것이었다. 함께 모여서 공부도 하고 온라인에 자료도 올리다 보면 실력도 늘 것이고 체계적인 매뉴얼도 축적되면서 팀워크까지 좋아질 테니 그야말로 일석삼조였다. 그들의 KM은 이렇게 오프라인 학습 조직의 운영과 그 결과물을 KM 시스팀에 올려 공유하는 것으로 합의되었다.

KM은 학습 조직으로서 유용한 틀

갈 길을 정했으니 이제 그 길을 따라 정확하게 걸어 나가면 되는 것이었다. 혹시라도 흐지부지되어선 안 되겠다는 생각에 아예 연초에 모든 일정을 정해 버렸다. 어차피 하기로 한 일, 이왕이면 확실히 해야 하지 않겠느냐는 생각에서였다. 업무에 관한 주요 사항 중 공부할 만한 주제를 약 15개 가량 정해 놓고, 한 달에 2~3개 정도씩 규칙적으로 해 나가기로 했다. 아예 담당자와 일정까지 못 박아 두어 더더욱 책임감을 느끼도록 했다.

그들이 정한 운영 원칙은 우선 주관하는 발표자가 주제에 대해 상세한 참고 자료를 작성해 오는 것을 전제로 하고, 정기적인 학습 조직 모임에서 스터디 그룹 구성원들과의 질의·응답·토론 과정을 거쳐 자료를 보완, 확정하는 것이었다. 그렇게 완성된 자료는 회계팀 CoP나 K-Base에 등록하여 이를 필요로 하는 직원들과 공유하도록 했다. 한마디로 지식의 자산화였다.

오프라인 CoP가 더 유용했다

"들으셨다시피 저희 팀의 KM 형태는 다른 팀들과는 조금 다른 양상을 띠고 있습니다. 제 생각에는 우리 회사 KM 활동이 전반적으로 CoP나 K-Base 같은 온라인 쪽을 위주로 활성화되어 있고 오프라인은 그에 따른 부수적인 개념으로 운영되는 것 같은데요, 저희는 오히려 반대입니다. 온라인보다는 오프라인 CoP가 우선이라고 할 수 있지요. 저희에게 필요했던 건 무조건 자료를 온라인상에 올리는 것이 아니라 구성원들이 스터디나 세미나를 통해 지식을 각자의 머릿속으로 가져가는 것이었으니까요. 물론 그렇게 한 이후에 온라인에 자료를 등재해서 공유 범위를 넓히는 것도 중요한 과정이었지만요. 하지만 어디까지나 기본 목적은 참석한 사람들과 지식을 나누는 것이었습니다."

기존 업무와 병행해야 했으므로 계획된 일정에서 미루어지긴 했지만 결국은 정해 놓은 주제를 모두 학습했다. 업무 시간에 따로 시간을 내기는 어려워 자연히 모임은 저녁이나 밤에 이루어졌다. 이 때문에 몸은 다소 무거웠지만 집으로 돌아가는 발걸음만은 그렇게 가볍고 상쾌할 수가 없었다고 한다.

공부할 내용을 미리 지면으로 작성해야 했기 때문에 준비를 맡은 사람은 자신의 업무를 체계적으로 공부할 수 있어 유익했다. 다른 구성원들도 이를 미리 받아 보고 궁금한 내용이나 의심스러운 부분을 서로 묻고 대답하는 과정에서 다른 사람의 업무 영역까지도 알게 되어 이 또한 도움이 되었다. 7~8개월 동안 이루어진 그들의 학습과 토의와 노력은 KM 시스템 안에 고스란히 담겨 그 결실을 입증해 주었다.

학습의 성과를 높이기 위한 마인드 컨트롤

원가회계라는 것이 업무 특성상 눈에 보이는 성과가 뚜렷이 나타나는 것이 아니어서 뭐라 말할 수는 없지만, 그래도 이러한 과정을 운영하면서부터는 결산이 끝난 후 오류가 발견되는 일이 없어 무형적인 성과를 증명한 셈이었다. 따라서 자연히 업무에서 발생할 수 있는 크고 작은 문제들까지도 줄게 되었다.

하지만 모든 것이 아무 어려움 없이 원활하게 이루어진 것만은 아니었다. 그들에게도 넘어야 할 산은 있었다.

"모든 일이 그렇죠, 뭐. 처음부터 쉬운 일이 어디 있겠어요? 안 하다가 하게 된 일이라 처음에는 다들 낯설어 했죠. 그리고 모두 좋자고 하는 공부지만 따지고 보면 어디까지나 그것도 일 아닙니까? 팀원들이 그 효과를 느끼기 전까지는 어느 정도의 동기 부여가 필요했죠. 우리가 모임을 가질 때 모르는 사람은 우리를 보고 간혹 '저 팀은 일도 없이 한가해서 매일 저렇게들 모여 있나 보다'고 생각하기도 했다나요. 뭐, 우리 좋자고 한 일이니 우리만 괜찮으면 아무 상관 없지만, 또 사람 마음이 그런 것만은 아니더라구요. 그렇지만 저희는 꿋꿋했습니다."

반드시 개인의 자발적인 노력이 전제되어야 한다

아무리 시스템이 잘 구성되어 있고 리더의 추진력이 강해도 강제적인 참여로는 진정한 가치를 얻을 수 없다. 구성원 자신이 필요성을 느끼고, 그것을 원하고, 가치를 깨달아야만 지속적인 참여와 관심을 유발할 수 있다. 아울러 주변에서 그러한 활동을 할 경우, 그것을 권장하고 장려해 주는 문화가 조성되어야 팀의 활동이 활성화될 것이다.

중요한 건 K-Base에 자료가 몇 개 올라가 있고, K-Point가 몇 점인가가 아니다. 그 지식을 어떻게 인식하고 그것을 어떻게 활용하느냐 하는 점이 무엇보다도 중요하다. 쓸데없이 모여서 아까운 시간만 버린다고 생각해서는 결코 성공할 수 없다. 이를 통해 아주 작은 것 하나라도 얻어 간다고 생각한다면, 그리고 그 가치를 깨닫는다면 비록 어려움을 만날지라도 쉽게 KM 활동을 그만두지는 못할 것이다.

오프라인 학습을 자기 계발의 장으로

주기적인 오프라인 CoP가 이제 어느 정도 자리를 잡아 지난해 연말부터는 영어 공부까지 한다고 하니 이제 오프라인 모임 부문에서는 베테랑이라 부를 만하다.

팀의 리더였던 변종근 과장은 얼마 전부터 다른 업무 때문에 팀에서 잠시 빠져나와 있는 상태이지만, 그럼에도 불구하고 그들의 CoP는 '이상 無' 신호를 보내오고 있다. 이제는 주도적으로 관리할 만한 윗사람이 없어도 잘 운영되는 것을 보면 회계팀의 오프라인 학습 조직은 확실하게 뿌리를 내린 듯싶다. 소수 멤버라서 처음에는 결석하면 벌금을 물리면서까지 운영했지만, 시간이 지나 정착하게 되자 오히려 소수였기에 더욱 조직적으로 움직일 수 있었다는 생각이 든다.

축적된 정보에 대한 지속적인 업데이트를 통해 무형 자산을 유형화시키는 작업을 꾸준히 이어 나가면서 필요하다면 업무 외로 관심 주제를 넓혀 학습 조직을 활성화할 계획이라고 말하는 그들은 이러한 시스템을 통해 업무의 전력화뿐만이 아니라 자기 계발의 장을 마련할 수도 있다고 생각한다.

성과 유지를 위한 노력이 필요하다

지적 자산에 대한 성과 유지의 열쇠는 적절한 주기로 성과물을 업데이트하여 그 정보를 사용하고자 하는 사람들의 요구를 충족시킬 수 있는지의 여부에 달려 있다. 빠르게 변화되는 경영 환경 및 업무 환경에 따라 축적된 지식을 지속적으로 최신화한다면 눈에 보이지 않는 큰 성과를 얻게 될 것이다. 중요한 것은 CoP를 만드는 것이 아니라 그것을 지속적으로 관리하고 이용하는 것임을 잊지 말아야 한다.

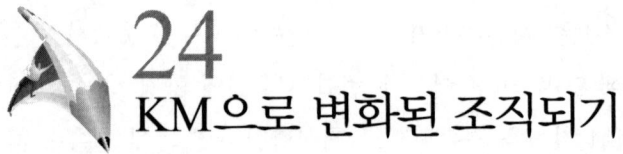

24
KM으로 변화된 조직되기

전략구매팀

전사적 경영 개선 과제의 지식과 경험의 Package화

회사의 경영 효율 개선을 위한 전략적 경영 과제인 PSM(Purchaser & Supplier Management)을 수행하면서 외부 컨설팅사로부터 취득한 지식과, 내부에 적용하여 얻은 경험 및 노하우를 체계적으로 정리하여 Package화한 사례이다. 향후 이 과제의 추진 배경과 과정, 결과를 다시 활용할 수 있게 되었으며, 외부에 컨설팅을 할 수 있는 수준의 지식을 확보하였다.

"여보세요? KM 추진팀이죠? 얼마 전에 요청한 Solution Pack CD 아직 안 나왔나요? 빨리 좀 만들어 주세요."

한 달에 한두 번씩은 꼭 KM 추진팀에 전화를 해 이런 저런 문의를 하는 이 사람, 바로 전략구매팀의 KC 박기평 과장이다. 박 과장은 누구보다도 부지런히, 그리고 자발적으로 KM에 관심을 가지고 활동하는 바람에 이것저것 요구 사항도 많아 KM 추진팀이 늘 행복한 고민에 빠지도록 했다.

전략구매팀은 2000년에 비전 과제를 수행하기 위해 현업에서 구매 관련 업무를 담당하던 엔지니어들과 구매팀의 일부로 구성된 새로운 구매 선도 조직 형태로 업무를 수행해 나가기 시작했다.

조직 구성 이후 초기에 약 6개월간 멕킨지컨설팅사로부터 전수받은 PSM(Purchaser & Supplier Management)이라는 기법을 어떻게 활용하여 구매 업무의 효율성을 높일 것인가 하는 것이 그들의 첫번째 과제였다.

새로운 구매 선도 조직으로 탈바꿈하다

PSM 기법이란 공급자와 수요자가 Win-Win할 수 있는 방법을 담고 있다. 예를 들면, 공급자에게는 끊임없이 경쟁 환경을 조성함으로써 스스로 제품의 품질 향상 및 원가 절감 노력을 할 수 있도록 하여 지속적인 경쟁력을 확보하도록 여건을 마련해 준다. 수요자에게는 자신이 받고 있는 제품 규격이 필요 이상의 수준은 아닌지, 또는 이러한 규격 수준 및 수요자의 구매 외적인 요구로 인해 공급자에게 원가 부담 원인이 생겨 구매 가격 상승 요인으로 작용하고 있지는 않은지 등을 분석할 수 있게 한다. PSM 기법은 이와 같이 사실에 근거한 분석을 통해 최적의 구매 환경을 조성해 나가는 일련의 구매 개선 활동을 말하는 것이다.

이 PSM 기업을 활용하여 전략구매팀은 그 동안 SK가 객관적이고 합리적인 기준을 가지고 구매해 왔는지, 구매 파워만으로 업체에 비용 절감을 강요하지는 않았는지, 효율적으로 제품을 구매하기 위해서는 어떤 기준이 필요한지를 하나하나 따지면서 누가 봐도 합리적인 최적의 구매 기준을 확립해 왔다.

이러한 일련의 구매 개선 활동을 통해 구매의 객관성을 높일 수 있었으며, SK 내 모든 조직들이 구매 관련 업무 수행에 있어 전사적 차원에서 보아 비용 관점에서의 구매 의사 결정이 이루어질 수 있도록 전략구매팀원 모두가 구매의 Change Agent 역할을 수행했다.

의견 교환이 가능한 최선의 Tool

이러한 활동을 배경으로 함으로써 Solution Pack의 정확한 개념에 대한 사내 이해도가 낮은 상태임에도 불구하고 전략구매팀은 PSM Solution Pack 개발을 선뜻 시작할 수 있었다.

우선 효과적으로 개발 업무를 수행하기 위해서는 어떤 방법으로 일을 추진해야 하는지를 함께 고민했다. 이때 가장 큰 장애 요인으로 도출된 것이 팀원들 모두 업무 특성상 출장이 잦기 때문에 함께 모여서 PSM Solution Pack에 대해 심도 있게 의견을 교환할 시간이 여의치 않다는 것이었다. 게다가 어떻게 해야 팀원들이 자발적으로 본 업무를 수행하면서 PSM Solution Pack에 담을 콘텐츠를 작성할 수 있을까 하는 문제도 그리 만만치 않았다.

이 문제의 해결책에 대해 의견을 나누던 중 출장으로 흩어져 있더라도 개인 PC를 통해 KM 시스템 내의 CoP를 활성한다면 시 · 공간의 제한 없이 필요로 하는 지식의 교환이 가능할 것이라는 의견이 이창원 과장으로부터 제시되었다. 이에 전 팀원이 동의함으로써 Solution Pack의 토대가 된 CoP 활동을 적극적으로 추진할 수 있게 되었다.

체계적으로 정리해야 일하기도 쉽다

아울러 각자가 수행하고 있는 PSM 내용은 업무 담당자 본인이 직접 CoP에 올려 정보를 공유하고, 공통적인 지식이나 업무에 관련된 것들은 전략구매 분야의 KC인 박기평 과장이 등록하고 각 팀원들의 피드백을 받아 콘텐츠를 확정해 나가기로 했다. 팀내의 구매와 관련 있는 모든 인원들을 구성원으로 등록하였고, 향후 콘텐츠 작성에 주도적인 역할을 할 인원들을 대상으로 다시 서브팀을 구성했다. 그리고 전체적인 CoP의 목적을 명확히 하고 성공적인 사업을 완수하기 위해 CoP 리더로 담당 임원과 팀장을 등록하는 한편, 효과적인 관리를 위해 CoP 매니저를 2명 이상으로 설정하였다. 또한 Solution Pack을 만들기 위한 개괄적인 일정 계획을 수립하여 모든 구성원들이 공유할 수 있도록 유도했다.

하지만 대다수의 팀원들이 KM의 최종 결과물인 Solution Pack의 사업화가 과연 가능한가 하는 문제에 대해서는 부정적인 시각을 가지고 있었기 때문에 초기에 KM을 활성화하는 데에는 많은 어려움이 따랐다. 그들은 특히 제한된 시간 내에 업무 시간을 쪼개 가면서 개발을 추진해야 한다는 사실에 큰 부담을 안고 있었고, 이에 따른 스트레스도 만만치 않았다. 그러나 뒤로 물러날 수는 없었다. 전략구매팀장과 KC인 박기평 과장은 '일단은 부딪혀 보자. 여러 사람들의 지식이 합쳐지면 백지 상태보다는 낫겠지.'라는 생각으로 팀원들을 독려했다.

우선 방대한 양의 자료 중 어떤 것부터 읽어야 할지의 고민을 해결하고, 처음 접하는 사람에게 보다 좋은 정보를 알려 주어야겠다는 생각에 나름대로의 특성에 맞는 표준 양식을 작성하기로 했다.

다음으로, CoP를 제대로 활용하기 위해 일주일에 한 번씩 Can Meeting을 실시하여 Solution Pack과 다양한 콘텐츠 등에 대해 구성원들의 생각을 공유하기 시작했다. 어떻게 하면 사용자의 요구를 충족시킬 수 있는 제품을 최대한 싼 가격에 구매할 것인가, 사용자의 요구 사항은 어떤 기준에 의해 판단해야 하는가, 불필요하거나 과도한 규격은 없는가 등등의 구매 Solution Pack을 만들기 위한 헤아릴 수 없이 많은 논제들을 가지고 서로의 생각을 나누면서 합의점을 찾아 나가기 시작했다.

실시간 공유가 가능한 KM

하지만 팀원들이 번갈아 출장을 가다 보니 자리가 비는 경우가 빈번했다. 회의 때마다 참석하지 못한 팀원은 지나간 회의 내용을 숙지하는 데 많은 시간이 소비되고, 다른 팀원들은 아는 내용을 반복해서 들어야 하니 지루한 회의가 되기 일쑤였다.

하지만 이 문제를 해결해 준 것이 바로 KM이었다. 박 과장은 회의에 참석하지 못한 팀원들이 확인할 수 있도록 매번 회의 결과를 CoP에 올려 정보 공유가 가능하도록 했다. 따라서 다른 업무 때문에 불가피하게 회의에 참석하지 못한 사람들도 그 내용을 확인하고 온라인상에서 각자의 의견을 개진할 수 있었고, CoP 매니저는 이를 종합해서 전 구성원들이 공유할 수 있도록 정리했다.

때로는 선의의 경쟁도 필요하다

이 과정에서 구성원 각자의 역할이나 업무 분담을 분명히 하고 각자에게 할당된 업무의 개별 진척도를 모두가 공유할 수 있도록 했다. 각 팀원들이 맡아야 할 분야와 활동 실적을 공개함으로써 활동이 저조한 사람도 따라올 수밖에 없도록 만들었다. 뿐만 아니라 팀원들의 KM 활동을 꾸준하게 모니터링하고, 지식 등록 건수나 조회 건수, K-Point에 대한 사항을 일일이 공개하여 S, A, B, C 등으로 평가를 내려 주었다. 또한 팀원들이 각자의 월별 KM 활동 수준을 확인해 볼 수 있도록 부서 전체, 또는 개인별 활동 현황을 공개해 선의의 경쟁심을 자극했다.

처음에는 팀원들로부터 이렇게까지 할 필요가 있느냐는 불만이 제기되기도 했다. 사실 힘든 건 박 과장도 마찬가지여서, '내가 전생에 무슨 죄를 지었기에 같은 월급 받으면서 이 고생인가.' 하는 생각까지 들었다고 한다. 하지만 초기에 수동적으로 KM에 참여하던 팀원들이 시간이 흐를수록 KM의 유용성을 깨달아 자발적으로 활동하기 시작하자 그런 마음은 사라지고, 가슴에는 뿌듯함이 자리 잡기 시작했다.

PSM Solution Pack의 완성

CoP에 올려진 문서들은 전략구매팀의 궁극적인 목표인 PSM Solution Pack을 만들기 위해 지식 Library에 잘 정리하도록 했고, CoP에 올려진 사항 중 전체적인 방향에 도움이 되는 것이라면 그것이 개인 의견일지라도 업무의 진전을 위해 보존하는 식으로 정리해 나갔다. 지식 Library 내의 자료는 날짜별로 확인이 가능하도록 문서 제목을 만들고, 나중에 개선하거나 수정했을 때 그 내용을 구체적으로 명시하도록 했다. 작성자가 지식 Library를 지정하기보다는 지식 Library 위치의 적합성과 전체 폴더 배열 등을 고려한 문서 관리는 PSM Solution Pack에 대한 청사진을 가지고 있는 CoP 매니저가 주도적으로 맡았다.

콘텐츠에 대한 합의를 할 때에는 팀원 모두가 Can Meeting을 실시하였으며, 모든 폴더 내에 있는 콘텐츠 구조 및 내용을 근간으로 하여 PSM Solution Pack에 대한 프로그래밍 작업을 실시했다. 또한 Solution Pack의 디자인에서부터 내용 구성 방법까지 구성원 간의 합의를 통해 진행함으로써 내용의 충실도를 높이도록 했다.

지속적인 노력이 수명을 늘린다

전략구매팀원들은 PSM Solution Pack이 신입 사원이나 전입 사원들에게 과거의 구매 방법을 쉽게 알아볼 수 있는 좋은 자료가 되어 줄 것이며, 이를 통해 과거의 방법을 그대로 따를 것인지 아니면 새로운 방법을 도입할 것인지 스스로 판단할 수 있게 함으로써 내부적으로 지식을 전파할 수 있는 좋은 매개체가 될 것으로 기대하고 있다. 그리고 이러한 개발 경험을 바탕으로 하여 Solution Pack 개발을 계획하고 있는 부문 내 다른 팀들의 요청이 있을 경우 적극 협조하고 있다.

또한 기존의 CoP를 Wrap-up하지 않고 다른 CoP와 통합·정리함으로써 이미 만들어 놓은 PSM Solution Pack을 지속적으로 수정하고 보완해 나가기 위한 KM 체계를 구축하고 있다. 구매 경험 및 노하우는 구매 상황에 따라 많은 변화를 가져오기 때문에 실정에 맞게 지속적으로 보완해 나가지 않으면 Solution Pack의 수명을 연장시킬 수 없다고 보기 때문이다.

구성원들이 단기간에 성취할 수 있도록 추진한다

효율적인 CoP 활동을 위해 CoP 활동을 하기 전에 달성하고자 하는 목표를 정하고 이를 전 멤버가 공유하게 한다. 또한 활동 중에는 기간별로 얼마나 달성했는지를 지속적으로 관리하여 가능한 한 단기간에 목표를 달성할 수 있도록 하는 것이 좋다. 여유 있게 추진하면서 완벽한 완성도를 추구하는 것은 멤버들을 쉽게 지치게 하고, 끝이 보이지 않기 때문에 팀원들의 열정과 스피드도 점차 줄어든다. 달성할 수 있는 목표 설정과 이를 달성했다는 성취감을 지속적으로 유지하는 것이 중요하다.

지식에 쉽게 접근할 수 있는 채널을 확보하라

PSM Solution Pack에는 전략 구매에 관련된 모든 정보가 식별되어 있다. 단순한 전문가 정보부터 전략 구매와 관련된 경영 기법과 사례가 등록되어 있고, 실제 활동하고 있는 CoP와 업무에 활용하고 있는 구매 시스템 등이 연결되어 있어 구매 담당자들은 Solution Pack이라는 하나의 채널을 통해 모든 지식을 활용할 수 있다. 이를 통해 업무 수행의 과정 및 결과에서 발생하는 지식을 쉽게 등록하고 활용할 수 있으며, 향후 PSM Solution Pack의 지속적인 개선도 가능해졌다.

KM 활동도 분야별 특성에 맞도록 하자

박기평 과장은 전략구매팀의 KM 활동 성공 요인을 다음과 같이 이야기한다.

"Solution Pack은 살아 있는 지식이 직결될 수 있어야 합니다. 회사 안에는 반복적인 업무 형태를 가지고 있는 팀과 업무가 그다지 정형화되어 있지 않은 팀, 그리고 창조적인 업무를 수행하는 팀 등 다양한 방법으로 업무를 수행하고 있는데, 각 팀의 특성에 맞게 Solution Pack을 만들어야 한다고 생각합니다. 예를 들어, 동일한 업무가 반복되는 팀은 그 업무를 일일, 주간, 월간, 분기, 연간의 형태로 정리해서 CD 한 장만 보면 각자 해야 할 업무가 무엇인지 알아보기 편리하도록 Solution Pack을 만들어야 하고, 과제 형태로 업무가 주어지거나 창조적인 업무를 수행하는 부서는 경험 요소나 사례 형태로 정리해 나가야 도움이 될 수 있겠죠."

"KM은 숫자 위주의 일은 아닌 것 같습니다. 활용되지 않는 자산은 아무런 의미가 없으니 무엇보다도 가치 있게 만드는 게 중요합니다. 이런 활동을 하다 보면 처음에는 문서나 자료를 CoP에 잘 모으고, K-Base에 있는 자료도 잘 활용합니다. 하지만 사람이다 보니 나중에는 손쉽게 자료를 구할 수 있는 관련 사이트를 뒤적거리게 되더라구요. 바로 이때를 조심해야 합니다. 특히 PSM과 같은 과제성 업무는 일관성을 가지는 게 중요합니다. 초심을 유지하듯 Solution Pack을 사용해서 구매의 공정성·투명성·객관성이 유지될 수 있도록 기준에 맞게 앞으로의 방향을 설정해 나가야죠."

"기업에 종사하는 사람으로서 자신이 맡은 분야의 업무 수행에 효과적인 최후의 방법은 남겨 두어야 합니다. 그게 바로 조직의 구성원으로서 자신이 소속되어 있던 회사의 이익을 영구히 존속시키는 방법이 아닐까요? 그것이 지식경영의 올바른 방향인 것 같습니다. SKMS에 나와 있는 SK의 기업관에서도 알 수 있듯이, 사람은 언젠가는 떠나지만 기업은 100년, 200년 오래도록 지속되어야 하니까요."

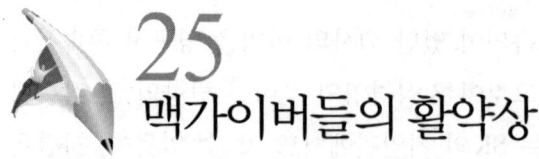

25
맥가이버들의 활약상

총무팀

사내 서비스 조직의 지식 경영

사업 부서가 제 기능을 다하기 위해서는 사내 서비스를 담당하는 조직이 탄탄하게 뒷받침을 해주어야 한다. 이에 총무 분야에서는 고층 빌딩 관리로 축적된 기술과 관리 기법을 체계적으로 정리하여 외부에서 사업을 수행할 수 있는 Solution Pack의 개발에까지 이르렀다. 이를 통해 조직 내부에서 전문적인 지식 수준을 상향 평준화할 수 있는 계기가 되었으며, 사람 중심보다는 시스템 중심의 업무 체계를 구축하게 된 사례라고 할 수 있다.

형형색색의 의자들이 주인을 기다리며 여기저기 늘어서 있는 곳, 무언가 특별한 분위기의 이곳은 회사의 임직원들이 편하게 일할 수 있는 사무 환경을 조성해 주는 총무팀이다. 사무실 환경과 같이 눈에 보이는 것에서부터 공기의 순환이나 온도, 먼지와 바람의 양과 같이 눈에 보이지 않는 부분까지 관리하고 있다. 이렇게 관리 대상이 폭넓다 보니 총무팀의 업무는 담당 영역별로 명확히 구분되어 있었고, 팀원도 200여 명이나 되었다. 이렇게 인원이 많고 부서도 여러 개이다 보니 이들을 하나로 묶는 일은 현실적으로 불가능한 실정이었다. 심지어 같은 총무팀에서 서로 얼굴조차 모르는 경우도 많았는데, 이를테면 전기를 담당하는 팀원과 청소를 담당하는 팀원들은 하고 있는 일이 너무 달라 간혹 마주치더라도 인사도 없는 경우가 많았다. 중간 관리자들도 대내 고객 지원 업무로 많은 시간을 현장에 투입해야 하기 때문에 모두 모여 의사 결정을 하는 것은 더더욱 어려웠다. 하지만 한계라고 판단되었을 때 일과 싸워 이기는 것이 SKMS에서 말하는 '패기'였다.

KM에 대한 선입견을 버리자

일단 다양한 사람들이 함께 문제점을 파악하고 해결하기 위해서는 커뮤니케이션이 원활히 이루어질 수 있는 공동의 장이 필요하다고 생각하였다.

당시의 문제점은 각 팀원들이 가지고 있는 정보가 제대로 공유되지 않아 총무 업무에 관한 개인의 지식 수준에 따라 특정인에게만 업무가 집중되는 점이었다. 우선 몇몇 팀원들이 자리를 함께하여 해결 방안을 찾던 중, 최근 회사에서 추진하고 있는 KM의 CoP가 총무팀의 문제를 해결할 수 있는 가장 적합한 방법이라는 결론을 내렸다.

하지만 대부분의 팀원들이 현장에서 잔뼈가 굵은 기술자들이었기 때문에 그 동안 사무직 업무로 생각되던 경험과 정보의 정리·공유가 쉽지 않았고, KM이라고 하면 논문 정도의 거창한 지식만을 등록해야 하는 것이라는 잘못된 인식 때문에 선뜻 활용할 엄두가 나지 않았다.

맥가이버들의 노하우를 묶어 내자

다들 10년 넘게 빌딩을 운영해 온 숙련 기술자들이니 그들의 머릿속에 있는 탁월한 노하우를 어떻게 하면 제대로 표출해 내 형식지화 시킬 수 있을까 하는 궁리를 매일같이 되풀이했다. 총무팀원들은 정말 산전수전 안 겪어 본 일이 없는 사람들이었다. 빌딩에 불이 난 일, 엘리베이터가 갑자기 멈춰 서 사람이 갇힌 일 등 일일이 헤아릴 수 없을 정도로 많은 경험들을 겪은 이들이었다. 그렇기 때문에 그런 돌발 상황에 어떻게 대처해야 하는지, 미리 사고를 예방하려면 어떻게 해야 하는지 등 실천적인 노하우가 머릿속에 가득 쌓여 있었다. 이렇게 경험을 통해 축적된 실천적인 지식은 책이나 인터넷에서 쉽게 구할 수 없는 귀한 것들이었고, TV 속의 만능 해결사인 맥가이 버도 부러워할 만한 높은 기술력이었다. 이런 지식을 가진 팀원들 각자가 서로 정보를 공유하기만 하면 업무 효율이 크게 향상될 것은 당연지사였다. 다만 어떻게 할 것인가가 관리자들의 고민 거리였다. 날을 정해 그간의 경험을 정리하게 하는 것도 좋겠지만, 더 중요한 것은 개인의 정보를 공유하는 습관이나 문화를 형성하는 것이라는 결론을 얻게 되었다.

시작이 반이다

이를 실천하기 위한 가장 효율적인 수단으로 비슷한 유형의 업무를 수행하거나 또는 관심사를 가진 사람들의 공동체인 CoP를 추진하기로 결정하였다. 또 총무팀의 특성상 사무실이 아닌 현장에서 직접 일하는 팀원들이 많다 보니 자리를 지키고 앉아 업무 과정이나 결과를 일일이 정리하기 어려웠기 때문에 이전의 것은 제외하고 이제부터 생기는 경험과 지식을 정리하는 것에 집중하였다.

이렇게 활용하면서 CoP에는 총무팀의 노하우가 하나씩 쌓이게 되었고, 이것을 다음에 일할 때 다시 활용하다 보니 시간도 절약되고 적은 노력으로도 훨씬 더 나은 결과를 얻게 되었다. 게다가 그들이 하는 일이 늘 같은 장소에서 반복되는 것이다 보니 몇 달이 지난 후에는 CoP에 등록한 양식을 그대로 갖다 쓰게 되었고, 사무 환경 점검시에도 점검해야 할 사항을 정기적으로 등록하고 확인한 자료를 모두가 공유하다 보니 이전과 비교하여 고쳐야 할 부분이 금방 파악되었다.

하지만 무엇보다 좋아진 것은 팀원들이 성취감을 느끼게 된 점이었다. 예를 들면, 천장이 막혀서 뚫는 공사를 할 경우 이전에는 담당자가 고민하면서 해결 방안을 찾았지만 이제는 우선 CoP를 찾아 이전의 동일한 사례와 문제 해결 방법을 찾게 되었다. 평소 개인들이 사소하게 느꼈던 지식들이 여러 사람들에게 인정받다 보니 자신감을 획득한 팀원들의 업무 수준이 절로 향상되는 것은 물론 일도 효율적으로 처리할 수 있게 되었다.

또한 신규 프로젝트나 고객 요구가 발생할 경우에도 문제 발생, 현상 분석, 진행 과정, 결과를 CoP를 통해 확인할 수 있어 신속하고 향상된 업무 및 서비스가 가능해졌다. 더불어 이렇게 정리된 지식은 전문가인 KC의 검토를 거쳐 회사의 지식 창고인 K-Base에 등록하여 전사 차원에서 공유할 수 있게 하였다.

솔선수범을 보이자

CoP를 통한 업무 처리가 어느 정도 정착이 된 지금은 서린동 본사 외에 다른 여러 빌딩에서 근무하는 임직원들의 편의를 위해 임차 빌딩의 담당자들과도 CoP를 조성해서 서로 사례를 공유하고 공동으로 문제를 처리하고 있다. 이렇게 함으로써 서로의 문제점을 더 잘 발견할 수 있고, 더 좋은 해결 방안을 마련하는 과정에서 상호 커뮤니케이션이 활성화되어 팀원 간의 관심과 신뢰도 쌓여 갈 것이라는 기대 때문이다.

임차 빌딩에 근무하는 팀원들과 지식을 활발하게 공유하기 위해 초기에는 CoP를 이용한 온라인 활동 외에도 3개월에 한 번씩 정기적인 오프라인 미팅을 실시하였다. 자주 만나는 것은 아니었지만, 서로 얼굴을 맞대고 커뮤니케이션을 하는 과정에서 신뢰감도 쌓이고 지속적인 관계도 유지할 수 있었다. 지금은 일부러 본사에서 발생하는 문제점과 해결 방안을 모두 임차 빌딩 담당자에게 보내 주고 있다.

하지만 총무팀의 KM 활동에도 어려움은 있었다. 지식을 공유하려면 마음을 다잡고 컴퓨터 앞에 앉아야 한다는 것이었다. KM 활동 초기의 팀원들은 문제가 발생하면 KM 시스템을 활용하겠다는 생각보다는 일단 전화를 걸어 전문가나 친한 동료에게 물어보는 것이 습관화되어 있었기 때문이었다.

이를 극복하기 위해 총무팀이 선택한 방법은 윗사람부터의 솔선수범이었다. 총무팀장을 비롯한 관리자들은 모든 업무를 CoP를 통해 처리하고 커뮤니케이션한다는 것을 팀원들에게 천명하였고, 팀원들이 관심을 갖고 지속적으로 실천하도록 독려, 지원, 점검을 하였다. 이러한 위로부터의 솔선수범을 통해 총무팀원 모두가 하나로 똘똘 뭉쳐서 지식을 기반으로 한 경영을 정착시키게 된 것이다.

고객의 목소리에 귀를 기울이는 KM

총무팀이 가장 큰 성과로 꼽고 있는 것은 어떤 일이든 대충 넘어가지 않고 고객의 요구에 적절하게 대응할 수 있게 된 것과, 어떤 일을 할 때마다 그 일의 내용을 정확히 알게 된 것이다. 즉, 왜 내가 이 일을 하며, 이 일을 하면 어떤 결과가 초래된다는 고객 중심 일 처리 방식으로의 변화가 총무팀이 꼽는 가장 큰 성과 중 하나인 것이다.

가시적으로 나타난 유형적인 성과를 보면, 시차를 두고 따로 진행되었던 사무실 임차 프로젝트 관련 지식을 통합 관리함으로써 연간 약 3억원의 비용을 절감했으며, 팀 내 축적된 지식과 경험을 바탕으로 3층 기자실 환경 개선 공사 프로젝트를 외주 업체에 맡기지 않고 직접 수행함으로써 이전에 비해 약 50퍼센트의 공사비를 절감할 수 있었다.

이 외에도 신속한 커뮤니케이션 및 정보 공유를 통한 업무 생산성 향상, 축적된 지식과 재창출된 사례를 활용한 업무 수행 능력 향상, 경험 및 노하우를 체계적으로 축적할 수 있는 기반 확보, 조직 구성원 간의 원활한 의사 소통 및 자발적이고 의욕적인 업무 참여 분위기 조성, 업무 수준 및 사무 지원 수준 향상 등의 무형적인 성과를 낳았다.

KM은 노하우를 공유하는 것

총무팀 KC인 김재곤 부장은 KM이란 '일처리 과정에서 놓치는 경험이 없도록 하고자 하는 것'이라고 말했다. 어떤 일을 했다, 안 했다 하는 결과가 중요한 것이 아니라, 일 처리 과정에서 생기는 고민이나 갈등 또는 열악한 여건을 극복하고자 하는 과정에서 이루어지는 사람들과의 회의처럼 일에 대한 숨은 지식을 공유하는 것이 더 중요하다는 것이다.

어떤 새로운 일을 기획할 때에는 사람들 머릿속에 굉장히 많은 생각이 있기 마련이다. 이렇게 할까 저렇게 할까 하는 갖가지 고민, 어떤 상황에서 어떠한 일을 하게 되었다는 일련의 과정들, 바로 이런 것들을 기록하고 공유하면 다른 누군가가 새로운 일을 시작할 때 만나게 되는 문제들을 보다 빨리 해결할 수 있게 된다. 때문에 지식을 기록할 때에는 최대한 자세하게 쓰는 배려를 해주어야 한다. 대부분의 사람들이 일 자체는 대충 알더라도 일거리가 뭔지 잘 몰라서 헤매는 경우가 종종 있기 때문이다.

김 부장은 요즘에는 팀원들 사이에서 지식 공유나 지식 자체가 체계화되어 별다른 장애 없이 일을 추진하고 있다며 KM의 가치를 높이 평가했다. KM은 자기만의 노하우를 공유하는 것이다. 그러나 그와 더불어 팀원들로 하여금 지식 탐구에 대한 즐거움을 느낄 수 있는 여건을 제공하는 것 또한 중요한 요건임을 잊지 말아야 할 것이다.

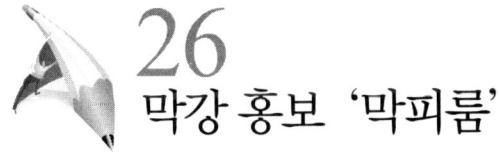

26
막강 홍보 '막피룸'

홍보팀

정보의 체계적 관리와 사전 제공을 통한 대언론 이미지 제고

동일한 사안에 대해 담당자별로 다양한 외부 관계자를 접하게 되는 홍보팀과 같은 경우, 서로 다른 정보와 의견을 전달하게 될 때가 많다. 이러한 오류를 방지하기 위한 대안으로 CoP를 활용하여 구성원 간의 의견을 조율하였다. 그 과정을 거쳐 일관된 방향을 정한 후 관계자를 대하게 하였고, 필요한 경우 사전에 관계자들에게 정보를 제공하여 이해 관계자들과의 관계를 원활하게 유지한 사례이다.

어느 부서나 다 그렇겠지만 홍보팀 역시 바쁘다. 인원이 그다지 많지 않기에 더욱더 민첩한 움직임이 요구된다. 하루에도 몇 십 통씩 걸려 오는 각종 전화, 거기다 팩스에 메일까지…. 정말이지 눈코 뜰 새가 없다. 이런 때 혹시 누군가 자리라도 비우는 날이면 남은 사람들은 졸지에 적잖은 곤혹을 치러야 한다. 계속되는 외부로부터의 문의에 언제까지고 "지금 담당자가 자리에 없어서요…."라고 대꾸할 수는 없는 노릇 아닌가. 그렇지 않아도 바쁜 업무인데 휴대폰에 인터넷까지 동원해 요청받은 정보를 묻고 뒤지고 찾아내고 하는 일은 정말이지 팀원들을 지치게 한다. 그런데 언제부터인가 이런 풍경은 사라지고, 이제 누군가 혹 자리를 비우더라도 헤매지 않고 금방 응대할 수 있게 되었다. 이는 다름 아닌 CoP 덕분이다.

막강 PR룸 '막피룸'

CoP는 이제 홍보팀 사람들에게는 없어서는 안 될 정보 교환의 장으로 활용되고 있다. 이른바 '막강 PR룸', 줄여서 '막피룸'으로 불리는 이 CoP 안에는 다양한 사업 정보와 이슈가 속속들이 숨어 있다. 홍보팀 언론 그룹은 각 사업의 홈페이지나 주요 CoP 정보, K-Base 등을 활용하여 신속하게 이슈를 파악하고 이를 CoP를 통해 이전보다 훨씬 신속하게 공유하고 있다. 이에 따라 이슈별로 각 사업 부서와 협의함으로써 다양한 대응책을 미리 마련할 수 있는 장점도 가지게 되었다.

또한 긍정적인 사안에 대한 News Inventory를 만들어 각 사업별로 홍보할 만한 것들을 찾아 싣도록 했다. 외부 언론에서 취재 협조 요청이 들어올 경우 항상 신속하게 제공할 수 있는 일종의 정보 창고를 만들어 놓은 셈이다.

사내에서 CoP를 이용해 업무를 처리하는 팀들은 많이 늘었지만 이렇게 이름까지 정해 놓고 쓰는 그룹은 흔하지 않다. 이름 그대로 막강한 PR룸이라는 뜻의 막강 PR룸. 이는 팀원들의 투표를 통해 당당히 1위로 뽑힌 이름이다.

"처음에 이 커뮤니티를 이용하려고 했을 때 팀장님께서 이름을 공모하셨어요. 그래도 명색이 홍보팀인데 그냥 밋밋하게 갈 수는 없지 않겠냐면서 한 사람이 하나 이상씩 의견을 제출하라고 하시더군요. 전체 4명 중에 3표를 얻었으니 압도적인 지지를 얻은 거죠."

듣고 보니 역시 홍보팀다운 발상이 아닐 수 없다. '내가 그의 이름을 불러 주었을 때 그는 나에게로 와서 꽃이 되었다'는 김춘수의 시구처럼 막강 PR룸은 어느새 홍보팀만의 특별한 CoP가 되었던 것이다.

막피룸의 위력

외부에서 궁금해 하는 모든 사항에 대해 신속하고 정확한 답변을 제공해 주는 것을 목표로 하는 홍보팀이다 보니 자연히 사업별 이슈 파악이 주요 업무 중 하나가 되고 있다. 그런데 이 막피룸이 생기고 난 이후 그 파악도가 월등히 높아졌다. 사업별 핵심 이슈를 파악하여 현황 및 회사의 입장을 작성한 후 이 내용을 막피룸에 게재함으로써 전 팀원이 그 내용을 실시간으로 공유할 수 있게 만들었기 때문이다. 이럴 경우, 외부에서 어떤 사항을 문의해 왔을 때 정확한 정보를 즉석에서 제공해 줄 수 있기 때문에 사업 홍보 담당자가 없어도 신속한 대응이 가능하다. 내가 알고 있는 정보뿐 아니라 서로의 머릿속에 있는 것들을 이 CoP를 통해 함께 나눌 수 있는 것, 이것이야말로 홍보팀에서 말하는 막피룸의 가장 큰 매력이다.

이 막피룸이 이름처럼 정말 막강하다는 것은 객관적인 수치를 통해서도 드러난다. 막피룸은 지난 2001년 3/4 분기에만 총 등록 건수 172건에 약 1,000회에 가까운 조회수로, 경영지원부문 우수 CoP에 랭크되었다. 조회 건수는 대부분 취재 협조와 연결되어 있으므로 이는 대략 1,000건 정도를 KM을 활용해 취재 협조했음을 의미한다. 이쯤 되면 적어도 '막강 PR룸'이라는 이름 값은 톡톡히 하고 있는 셈이 아닌가.

실제로 복수폴사인제나 유가 등 주요 사안에 대한 초기 대응에 성공함으로써 회사의 부정적인 보도를 최소화할 수 있었고, 잘못된 보도율도 전체 1.3퍼센트 수준에서 CoP 운영 기간 중 0.6퍼센트 수준으로 현저하게 감소했다. 그리고 신속하게 취재 협조에 응한 점이나, 미리 준비된 자료를 제공한 점 등으로 인해 SK 주식회사의 홍보 능력은 다수의 언론인들에게 우수하다고 인정받고 있다. 이러한 결과를 낳은 큰 이유 중 하나로 KM을 통한 신속한 업무 수행을 들 수 있으며, 이는 고객의 만족도까지 높이는 긍정적인 성과를 가져오게 된 것이다.

정보를 걸러 내는 필터링이 강화되어야 한다

홍보팀은 처음부터 CoP에 비교적 호의적인 입장이었다. 물론 새로 시작하는 시스템이었기 때문에 사용에 익숙하지 않다는 어려움이 있기는 했지만, 그러한 불편보다는 CoP를 이용하여 얻을 수 있는 이점을 더 크게 생각했다. 하지만, 각 개인의 PC 서버에 공유 파일로 있던 정보와 그 외의 자료들을 CoP에 등록하는 첫 작업은 사실 번거로운 점이 없지 않았다.

"각자 가지고 있던 정보의 양이 적지 않았기 때문에 그걸 일일이 넘겨주는 작업이 쉽지는 않았어요. 하지만 일단 그 작업 이후에는 별 어려움이 없었습니다. 오히려 다른 사람과 정보를 공유할 수 있다는 점이 업무에 많은 도움이 됐죠. 처음 한 달 정도는 적응 기간이 었던 것 같고, 그 이후로는 특별한 부담 없이 지금까지 잘 사용하고 있습니다."

시행 초기에는 CoP 사용을 활성화시키기 위해 간단한 메일이나 메시지까지도 커뮤니티에 등록했다고 한다. 지금 생각해 보면 적절하지 않은 방법이었다고 생각될 수도 있지만, 그렇게 함으로써 새로운 시스템에 익숙해질 수 있다면 그리 나쁜 방법만은 아닐 듯싶다. 이 때문인지 지금은 그 어느 팀보다도 CoP를 효율적으로 활용하고 있다.

CoP 사용이 너무나 자연스러워진 지금은 부족한 점을 개선하고자 하는 욕심도 생겼다. 시간이 지나면서 CoP에 등록된 자료의 양이 방대해지다 보니 검색에 많은 시간이 소요되었던 것이다. 현재 제목으로만 검색하는 것을 2~3가지의 목록으로 늘려 필터링을 강화함으로써 원하는 정보를 좀더 빠른 시간 내에 정확히 찾을 수 있었으면 하는 것이 홍보팀의 바람이다.

업무에 꼭 필요한 시스템으로 정착시킨다

홍보팀의 이러한 성공 요인에는 물론 여러 가지가 있겠지만, 그중에서도 특히 KM과 업무 수행과의 연관성을 들 수 있다.

정유 사업부터 시작해서 신약 개발이나 캐쉬백 사업 등 회사의 다양한 신규 사업 추진으로 인해 홍보팀 내에는 가공하고 처리해야 할 정보의 양이 급속하게 늘어났다. 그러나 일할 수 있는 인원은 그대로여서 개인의 업무량은 크게 증가했다. 이러한 상황에서 많은 양의 정보를 신속하고 정확하게 전달하기 위해 이전에는 일일이 관련 파일을 찾는 등 원시적인 방법으로 업무에 임했었다. 하지만 모든 사람이 회사 내의 모든 정보를 보유한다는 건 사실 어려운 일이었다. 이러한 이유로 자연히 효과적인 시스템 도입의 필요성을 느끼게 되었다. 바로 이러한 시점에서 회사 방침의 일환으로 KM 시스템이 도입되었고, 홍보팀 내부의 요구와 맞물려 팀 내 KM은 쉽게 자리매김 할 수 있었다.

KM도 조직의 성격에 맞게 활용하자

홍보팀은 각 조직에 맞는 KM을 적절하게 활용하는 것이 KM을 활성화시키는 지름길임을 강조했다. 신속하고 정확한 커뮤니케이션을 생명으로 하는 홍보팀의 경우에는 K-Base나 Solution Pack보다도 CoP의 활성화를 통한 업무의 능률을 증대시키는 것이 효과적이었다. 그리고 이렇게 자신에게 적합한 시스템을 찾아 알맞게 활용한 것이 성공의 열쇠가 된 것이다.

"지금 당장 팀에서 KM 활동을 할 만한 것이 없다든지, 혹은 판매할 만한 지식 유형이 없다는 이유로 쉽게 KM 사용을 포기할 수도 있을 것입니다. 하지만 중요한 것은 각 조직의 성격에 맞는 KM을 찾아내 자신들만의 KM 활동을 시작하는 것이라 생각됩니다."

스스로의 필요에 의해 각자에게 맞는 적절한 시스템을 활용하는 것, 이것이 바로 홍보팀이 제안한 성공적인 KM 추진의 지름길이었다.

● 퀴즈 통해 업무지식 배운다 _ 연합뉴스(2003.4.1.)

SK(주)가 직원들의 지식경영 참여도 증진을 위해 도입한 'KM (Knowledge Management) 퀴즈'가 큰 호응을 얻고 있다.

1일 SK(주)에 따르면 '재미와 학습'이라는 두 마리 토끼를 한꺼번에 잡을 수 있도록 작년 6월부터 도입한 'KM퀴즈'가 최근 성황리에 10회째를 마쳤다.

직원들이 사내 인트라넷을 통해 참여할 수 있는 'KM퀴즈'는 전략기획과 지식경영, 고객만족, 신규사업, 법률, 신제품 관련 지식 등 회사의 주요 경영지식과 관련한 문제가 출제되며 직원들은 여러 개의 박스 안에 들어있는 퀴즈를 차례대로 맞춰 나가면서 한줄을 전부 맞춰 '빙고'(BINGO)를 만들어 가는 형태로 진행된다.

지금까지 울산공장의 이원걸 대리(37.생산부문 설비기술팀)가 모두 62회 참가에 330회 '빙고'를 기록, 최다수 빙고를 기록하고 있다. 이 대리는 "처음에는 스트레스 해소 차원에서 시작했으나 갈수록 문제 푸는 재미도 늘어가면서 문제풀이 과정에서 배우게 된 업무관련 지식을 실제 업무에도 유용하게 사용하고 있다"고 말했다.

SK(주) 관계자는 "10회에 걸쳐 KM퀴즈를 진행하는 동안 1천 500여명의 직원이 참여했으며 매월 9명을 추첨, 사내메일을 통해 전사에 공지하고 OK캐시백 포인트 5만점을 부상으로 지급하고 있다"고 말했다.

●좋은 지식 사고 팝니다 매일경제(2002.8.18.)

SK 주식회사(www.skcorp.com)는 지난 16일 기존 지식경영시스템(KMS)에 지식을 사고팔 수 있는 지식 공유를 위한 시스템 K-마켓플레이스를 추가했다.

K-마켓플레이스는 특정 지식을 원하는 임직원과 그 지식을 가진 임직원이 지식을 사고파는 지식 매매 시장. A직원이 K-마켓플레이스 게시판에 자신이 원하는 지식에 대한 글을 올려놓으면 해당 지식을 가진 직원들이 자신의 지식을 답글 형식으로 게시판에 올려놓음과 동시에 A직원에게 이메일로 자동 전송되는 방식이다. 이때 A직원은 가장 좋은 지식을 올려놓은 한 직원을 선택해 자신이 가진 돈 K-포인트를 대가로 지불한다.

K-포인트는 사내 지식경영 시스템에 지식을 제공하는 대가로 회사에서 지급하는 마일리지 포인트로 일정 포인트 이상은 상품권으로 교환할 수 있다.

K-마켓플레이스는 기존 데이터베이스 위주의 지식경영시스템의 단점 중 하나로 지적된 신속한 지식공유를 보완하기 위해 만들

어졌다. 검색을 통해 지식을 찾는 기존 방식은 다양하고 폭넓은 지식 획득에 는 유리하지만 자신이 원하는 지식을 찾기까지 재분류하는 시간이 필요했기 때문이다.

한편 K-마켓플레이스는 임직원의 지식수요를 파악하는 데도 많은 도움을 주어 지식데이터베이스의 업그레이드에 크게 기여할 것으로 기대하고 있다. SK 지식경영팀은 수요가 많은 지식 중심으로 지식 데이터베이스를 정리할 예정이다.

SK는 2000년부터 2년 연속 매경-부즈앨런 지식경영대상을 수상한 바 있으며 지식경영을 통해 얻어진 공장 운영, 정비 지원 노하우와 같은 지식 판매만으로 올해 매출 760억원을 예상하고 있다.

● 매경-부즈앨런 지식경영대상
역대 수상업체 성과 눈부시다 _ 매일경제(2002.7.22.)

'성공하는 조직에는 지식경영이 있다.'

히딩크 사단이 4강 신화를 이룬 요인이 지식 창조와 공유·활용을 강조한 '지식경영'에 있다는 평가가 나오는 가운데 지식경영에 대한 관심이 높아지고 있다.

지식경영에 성공했다고 '소문난' 기업은 많지만 객관적으로 입증된 사례를 찾기는 어렵다. 하지만 '매경-부즈앨런 지식경영대상'을 수상한 업체들이 객관적으로 입증된 눈부신 성과를 보이고 있어 주목받고 있다.

2000년 제2회 지식경영대상을 수상한 중견 의류업체 이랜드.

지식경영을 바탕으로 직원과 부서에 대한 성과를 객관적으로 평가하는 시스템을 도입한 결과 지난해 매출 8,080억원을 올려 전년 대비 21% 성장을 기록했다.

또 직원 1인당 월 부가가치 1,000만원을 기록해 지식경영 도입 전인 98년 90만원에 비해 10배 이상 높아졌다.

이랜드는 최근 홍콩에서 발행되는 유력 시사경제주간지 '파이스턴 이코노믹 리뷰(FEER)'에서 아시아 지역 대표적인 지식경영 성공기업으로 보도되기도 했다.

2000년부터 2회 연속 지식경영대상을 수상한 SK 주식회사는 지난해 지식경영을 통해 약 2450억원에 이르는 직·간접적인 성과를 올렸다. 공정관리 노하우와 같은 지적자산을 모아 만든 솔루션팩을 31개 확보해 컨설팅서비스를 통해 지난해에만 357억원을 벌었고 올해에는 매출 760억원을 예상하고 있다.

2001년 제3회 지식경영대상을 수상한 제일기획도 올해 1분기 취급액이 전년 대비 52%나 증가했다.

지식경영대상 수상이라는 성공 신화는 기업에만 있는 것이 아니다.

지난해 지식경영대상 수상기관이었던 특허청은 98년에 28개월이나 걸렸던 특허심사처리기간을 2001년까지 7개월 축소했을 뿐만 아니라 지난해에 예산을 2300억여 원 절감하는 효과를 보았다. 올해 예산절감 예상액은 무려 3200억여 원. 해군군수사령부 산하 해군정비창도 지식경영을 도입한 후 예산 63억원을 절감하는 성과를 거뒀다.

2001년 수상기관인 해군정비창은 해군 내 지식경영 시범운영부대로 선정되어 다른 부대가 벤치마킹하는 대상이 되고 있다.

● 경제포커스 SK 주식회사 지식경영
"지식은 나눌수록 더 커집니다"_ 동아일보(2002.3.18.)

'전국매장을 가장 짧은 거리로 순회하는 방법을 알려드립니다.'
'부실매장의 매출을 두 배로 늘리는 비법공개!'

중견의류업체인 이랜드의 인트라넷(지식몰)에는 자신만의 노하우를 공개하는 글들이 쌓여 있다. 스스로 깨우치려면 엄청난 시간과 노력이 필요한 지식을 이 곳에서는 손쉽게 얻을 수 있다. 노하우를 공개한 직원은 승진이나 성과급 심사에서 좋은 점수를 받는다.

삼성생명 지식경영팀은 우수 생활설계사와 현장소장이 하루 일하는 과정을 동영상으로 촬영해 인트라넷의 '노하우 뱅크' 코너에 게시한다. 동영상으로 찍는 이유는 글로 표현하기 어려운 노하우까지 직접 보면서 배우라는 취지의 코너에는 매일 아침 접속이 쇄도한다.

최근 열풍처럼 번지고 있는 지식경영(KM, Knowledge Management)의 현장이다. 요즘 많은 기업들은 직원 개개인이 가진 업무 노하우를 끌어내 다른 직원들이 공유하도록 하는 데 골몰하고 있다.

왜 지식경영인가

"지식경영 시스템을 이용하면 10년차 과장이 해야 할 일을 5년차 대리가 할 수 있다."

두산건설의 경기 성남시 분당구 이병화 현장소장은 지식경영을 이렇게 요약했다.

1999년 3월부터 두산건설은 최초의 실패사례를 올린 팀에는 잘못을 묻지 않고 '면죄부'를 준다. 이 소장은 "건설공사 현장에서 제일 중요한 것은 경험인데 이 제도를 활용하면 다른 직원의 경험을 공유할 수 있다고 말했다.

지식을 공유하는 수준을 넘어 새로운 지식을 창조하기도 한다. SK(주) 지식경영팀 주진복 팀장은 "지식공유가 활발하고 학습모임이 많이 생겨나 전임자 후임자간에 업무 인수인계가 필요 없을 정도가 됐다"면서 "학습모임에서 나온 새로운 지식을 사업에 적용해 최소 수백억원의 이득을 봤다"고 말했다.

지식경영의 선구자 가운데 하나인 잭 웰치 전 제너럴 일렉트릭 (GE) 회장은 "업무로 터득한 경험이나 지식을 자신의 컴퓨터나 수첩에만 보관하는 것은 회사 공금을 개인계좌에 넣는 것과 마찬가지"라고 강조했다.

무엇이 지식인가

'가게 위치는 진행방향 오른쪽이 왼쪽보다 유리하다. 상권(商圈)을 보려면 근처 높은 건물의 옥상으로 올라가라.' LG유통이 지식경영을 통해 직원들로부터 모은 노하우다.

그동안 버려졌던 출장보고서, 업무 매뉴얼 등 문자화된 정보부터 '개념화가 쉽지 않은' 노하우까지 회사 경영에 필요한 모든 지식이 포함된다. 지식경영이 정착하면 도제 교육을 통해서만 전수된다고 여겼던 노하우까지 글, 소리, 영상으로 저장돼 새로운 지식

창조의 기반이 된다고 전문가들은 설명한다.

업무 성격에 따라 지식도 천차만별. 한 기업의 대외협력팀은 협상 파트너의 성격이나 좋아하는 음식, 술버릇, 취미까지 상세히 기록한 인물 파일을 작성하고 있다.

지식을 털어놔라

직원들은 '회사에서 인정받으려면 나만의 지식이 있어야 한다'고 생각하기 마련이다. 따라서 이런 지식을 끌어내기 위해 기업들은 온갖 묘책을 내놓았다.

'지식 마일리지 평가제'를 도입한 현대백화점은 직원들이 회사 정보망에 지식을 등록하면 0.1~20점의 점수를 주고, 이를 누군가 조회할 때마다 0.1점을 보태는 방식으로 점수를 쌓아 1000점마다 10만원씩 지급한다. 특급 노하우에 대해서는 포상은 물론 인사고과에 반영한다.

LG유통은 건당 5000원씩을 주며 직원들의 노하우를 사들인다. 이 밖에 SK(주), SK텔레콤, 삼성코닝, 삼성SDS, 금강기획, 이랜드, LG전자 등도 비슷한 방법을 동원하고 있다. 대림산업은 회사의 '명예의 전당'에 지식경영 기여자의 이름을 올린다.

갈 길은 멀다

4, 5년 전 지식경영을 시작한 기업 중에는 본궤도에 진입한 곳도 있다. 하지만 지식경영의 최고 단계까지는 아직 멀었다는 평가다.

이화여대 김효근 교수(경영학과)는 "개인과 조직의 이해가 상충하고 회사를 운명공동체로 여기는 의식이 옅어지는 상황에서는 진정한 지식경영이 나오기는 힘들다"면서 "지식경영의 토대는 구성원의 자발적 참여인데 이에 대해 국내 기업들, 특히 최고경영자(CEO)의 이해가 그리 크지 않다"고 지적했다.

지난해 전국경제인연합회 산하 최고지식경영자(CKO) 클럽이 30개 회원사를 대상으로 실시한 조사에서도 CEO의 의지를 지식경영 성공의 첫째 조건으로 꼽았다.

카이스트 테크노경영대학원 지식경영연구센터 김영걸 교수는 "새로운 지식을 창출하는 수준까지 가려면 부서의 벽은 물론 한 기업의 벽도 넘어야 한다"면서 "국내 기업 가운데 이런 수준에 도달한 기업은 거의 없다."고 말했다.

[SK 지식경영 성공 요인]
● CEO가 끊임없이 목표제시 _ 매일경제(2002.2.4.)

2000년에는 매경 지식경영대상 'Good Start(성공적 지식경영 도입)' 상을, 지난해에는 'Focused Excellence(집중적 성과우수조직)' 상을 수상하고 지식 판매만으로 지금까지 매출 630억 원을 기록한 SK지식경영. SK는 지식경영 성공요인으로 다음 세 가지를 꼽고 있다.

첫째, 끊임없는 목표제시. 최태원 SK회장은 1999년 초부터 '무형자산에 기반한 뉴비즈니스'를 강조했다. 이에 호응해 지식경영 리더와 각 팀장은 지식경영에 대한 끊임없는 목표를 제시했다.

둘째, 학습조직 활성화. 2001년 12월 실시한 설문조사 결과 SK 울산 콤플렉스 사원들은 1인당 33개씩 CoP(사내 동아리) 활동을 하고 있고 CoP 활동을 5개 이상 하는 사원도 약 24%나 된다. SK는 우수 CoP 지원제도 등을 통해 학습조직 활성화를 적극 지원하고 있다.

셋째, 완벽에 가까운 KMS(지식경영시스템) 활용. 대다수 사원은 저장과 검색 기능이 우수한 KMS를 완벽에 가까울 정도로 활용하고 있다. 물론 지속적인 시행착오를 거친 결과다. 아프리카 가나 석유화학공장 현장 직원이 석유저장탱크가 찌그러지는 문제를 'K-DB'를 통해 즉석에서 해결할 수 있었다는 사례는 유명하다.

하지만 SK 주식회사 지식경영에도 해결할 문제점이 많이 남아 있는 것도 사실이다. 지식등록과 평가가 질보다는 양 위주로 이뤄졌다는 것이 가장 큰 문제. 또 지식경영 보상체계가 지나치게 '시상' 위주로만 되어 있어 좀더 체계화 할 필요가 있다는 지적이다.

● 지식경영현장 / SK 울산 콤플렉스 _ 매일경제(2002.2.4.)

"업무보고를 더 이상 받지 않는다고 이미 알리지 않았습니까."
SK 주식회사(대표 황두열 부회장) 울산콤플렉스에 지식경영시스템 (Knowledge Management System : KMS) 이 도입된 초기인 1999년 11월. 생산설비를 제어하는 소프트웨어 개발과 보완업무를 하는 CIM(Computer Integrated Manufacturing) 팀 소속 김 모 사원은 업무 보고를 하러 소속 부서장인 정희주 부장을 찾았다가 호된 꾸지람을 들었다. 정부장이 KMS에 올린 "앞으로 정기적인 회의와 업무보고가 없다"는 지시사항을 확인하지 않았기 때문이다. 정부장은 99년 초부터 SK 주식회사 전사적으로 강력하게 추진하기 시작한 지식경영을 팀에서 실천할 방안 마련에 고심했다. 마침 울산 콤플렉스에 KMS가 시범적으로 도입되자 정부장은 그 동안 구상했던 실천전략들을 하나씩 시행하기 시작했다.

첫째가 '회의와 업무보고 폐지'였다. 정부장은 팀원들이 매일 수행하는 업무과정과 결과를 KMS 내 CIM팀 파일에 등록하도록 했다. 이전에는 담당자 머리 속에만 있던 업무 노하우도 KMS에 올려야 했다. 팀원들은 업무가 과중하다며 불만을 표시하기도 했다. 하지만 얼마 지나지 않아 그 효과가 나타나기 시작했다. CIM팀 모든 업무가 KMS상에서 이뤄지자 회의와 업무보고로 빼앗겼던 많은 시간을 절약 할 수 있게 됐다.

또 팀원 간 업무에 대한 이해도도 높아졌다. 정기적인 회의는 없어졌지만 꼭 필요할 때는 '캔미팅(Can Meeting)'을 했다. 고(故) 최종현 회장이 유학시절 경험을 살려 SK그룹 조직문화로 자리 잡게 한 캔미팅은 온라인 위주 지식경영이 문제해결의 열의를 북돋우기에 부족하다는 단점을 보완했다. 상하 없는 수평적 관계에서 시간 제한 없이 계속되는 캔미팅을 통해 팀원들은 팀 내 문제를 해결할 때까지 자기 생각을 허심탄회하게 표출할 수 있었다.

정부장은 다음 단계로 '핵심지식 위주 지식흐름'을 강조했다. 우선 CIM팀 지식체계를 정리한 지식맵을 작성했다. 팀원들이 올린 업무내용 중 꼭 필요한 지식을 모아 'K-DB(지식데이터베이스)' 파일로 옮겼다. 정부장이 추진한 전략은 CIM팀 팀원들 머리속에 '업무수행=지식경영'을 뚜렷이 각인시켰다.

제안제도와 지식등록 위주로만 지식경영을 실천하던 다른 팀에 CIM팀 사례가 서서히 알려지면서 '업무수행=지식경영'이라는 목표는 전사적으로 확산되기 시작했다.

하지만 CIM팀은 여기서 머물지 않았다. 무형자산을 회사의 매출과 수익으로 직접 연결시키는 작업에 적극 나섰다. 공장운영과 관련된 소프트웨어 노하우를 담아 'APC(고급공정제어)'라는 '솔루션팩'을 개발한 것. SK는 '솔루션팩' 판매와 기술 노하우 전수, 기술컨설팅 등 지식상품을 팔아 올린 매출이 지난해 400억 원을 넘어섰다. 매출 14조원(2000년 기준)인 거대기업에서 이 정도 성과는 겉으로 보기에는 미미하다. 하지만 추가적인 노동과 자본 투입 없이 '지식경영' 실천만으로, 그것도 2년이라는 짧은 기간에 이 같은 알짜 수입을 올렸다는 것은 충분히 눈길을 끌 만하다.

생산부문 최고지식경영자(CKO)인 박종훈 부사장은 "SK지식경영은 아직 갈 길이 멀다"면서도 "지식경영을 통해 전통제조업에서 지식산업으로 이미지 변화를 꾀할 것"이라고 포부를 밝혔다. 박부사장 말대로 SK는 지식경영 성과를 마케팅에 접목해 지식을 '성장동력'이 되게 한다는 야심 찬 계획을 다듬어가고 있다.

●SW 개발 노하우 작년 440억어치 팔아 _ 매일경제(2002.2.4.)

지식경영을 통해 많은 핵심지식이 축적되자 CIM팀은 최태원 회장이 강조한 '무형자산 상품화'를 실천에 옮겨갔다.

그동안 'K–DB'에 모아둔 핵심지식을 정리해 소프트웨어 개발 때의 노하우를 담은 '솔루션 팩(Solution Pack)'인 'APC(Advanced Process Control : 고급공정제어)'를 개발했다.

CIM팀이 개발한 'APC'는 국내 한 업체에 3억 7000만여 원에 팔렸고, '솔루션팩' 개발 노하우는 사내 각 팀에 전수됐다.

이후 다른 팀에서도 자신이 보유한 핵심지식을 기반으로 다양한 '솔루션팩'을 개발, 타 회사에 판매하기 시작했다.

올레핀 생산시설 '솔루션팩'은 무려 20억원에 팔리기도 했다.

업무 프로세스와 노하우 또는 설비와 관련된 문제해결 비책이 실린 소중한 지식상품인 '솔루션팩'은 소프트웨어 CD처럼 '제품'으로 판매되는 것이 아니라 그 내용을 개발팀원이 가서 컨설팅하는 형식으로 팔리고 있다.

2000년 10월 CIM팀의 최초로 '솔루션팩'을 개발한 이래 현재까지 SK는 전사적으로 31개의 '솔루션팩'을 개발했다.

또 SK는 '솔루션팩' 판매와 기술 노하우 전수, 기술 컨설팅 등으로 2000년에 188억원, 2001년에는 441억원에 이르는 매출실적을 올렸다.

개발비와 인건비 등을 제외한 순이익만 각각 36억원과 210억원에 달한다.

[지식경영대상]
● SK울산CLX, 지식 패키지化 _ 매일경제(2001.11.9.)

"전 직원이 지식을 자본이자 주요한 경쟁요소로 인식하고 있다. 또 무형(Intangible) 자산의 수익창출이 실현되면서 지식경영을 위한 비용을 투자로, 창출된 지식을 자본으로 인식하기 시작했다." SK 주식회사 울산 Complex는 지난해 'Good KM Start(효과적인 지식경영 도입조직)'상을 수상하면서 약점으로 지적됐던 "핵심지식을 전략적 시각에서 접근하고 있지만 지식격차와 원천에 대한 분석이 다소 부족하다"는 평가를 보완해 올해는 'Focused Excellence(집중적 성과우수조직) 상'을 수상했다.

SK 주식회사 울산 Complex는 지난 1999년 지식경영 도입 및 운영기반을 구축한 데 이어 올해 15개 솔루션팩(Solution Pack) 모델을 개발해 한 차원 높은 지식경영을 하고 있다. 솔루션팩은 내부의 지식경영 활동을 통해 축적된 핵심지식을 고객의 필요(Needs)에 맞도록 팩키지화하여 내부 업무효율 향상과 사업 수행 시 문제해결의 속도와 정확도를 높일 수 있는 '지식의 원스톱 서비스'이다. SK 주식회사 울산 Complex는 솔루션매출에 따른 대만 포모사, 가나토르, 말레이시아 페트로나스 등 해외 O&M으로 생산기술 측면에서 지난해 241억 원, 올해 551억 원에 이어 내년에는 980억 원의 수익을 기대하고 있다. 생산기술 사업은 현재 12개 영역 60개 아이템에 대해 추진되고 있다.

회사는 나아가 세계일류기업과 KM 격차를 해소하기 위해 벤치마킹 및 인적 네트워크 구축, 정보교환 지속을 위해 전문 내부인력 170명을 육성, 확보하고 있다. 박종훈 부사장(SK 울산 Complex 부문장)은 "공장은 안정조업, 비용절감만 하면 된다는 코스트 센터(Cost Center)에서 수익기반창출 센터(Profit Center)로 거듭났다"며 "앞으로도 지적자산의 중요성(Intangible Heavy, Tangible Light)을 살려 새로운 비즈니스모델을 만들어 나갈 것"이라고 말했다.

SK울산 Complex는 무엇보다 KM이 업무와 융합되면서 △지식의 실시간 공유에 따른 신속한 의사결정 △경영환경변화에 유연하고 빠른 대처 △기업의 안정과 성장에 대한 자신감을 갖게 됐다. 직원들 사이에도 '업무=KM', 지식을 등록하는 것은 다른 구성원의 업무를 돕고 회사발전에 기여하는 것이라는 공감대가 확산되고 있다. 이에 따라 자발적인 지식공유의 장이 마련되고 있다. 경영층은 부문장 주도로 '소주 캔 미팅', '오찬미팅'을 갖고 직원들 역시 5만 건의 개선 아이디어를 낼 만큼 호응도가 높다. 이 회사는 직원의 참여를 더욱 독려하기 위해 실적 우수자에겐 'KM Hero(영웅)' 시상과 함께 금전적 보상도 실시하고 있다.

그러나 SK 주식회사 울산 Complex는 지식경영을 통해 운전비와 수선비를 크게 낮추는 성과를 올리고 있음에도 불구하고 노동생산성은 세계적인 수준에 비해 여전히 낮은 것으로 나타나 개선이 필요한 것으로 지적됐다. 또 학습조직도 보다 활성화돼야 하고 지식경영 활동도 Complex 안에만 한정돼 있다는 점에서 개선돼야 할 것이라는 분석이다.

● 삼성전자, SK, LG전자 지식경영 벤치마킹 대상

_ 매일경제(2001.5.16.)

기업들의 최고지식경영자(CKO)들은 지식경영의 벤치마킹 대상으로 국내에서는 삼성전자, SK, LG전자를, 해외에서는 시스코, GE, 도요타 등을 꼽고 있는 것으로 나타났다. 전국경제인연합회는 최고지식경영자클럽 소속 회원사 30여 곳을 대상으로 '한국기업의 지식경영 현황'을 조사한 결과 이같이 나타났다고 15일 밝혔다.

조사 대상기업의 86.7%는 기업이 조직원의 역량증진 및 생산성 향상 등 을 위한 지식경영의 중요성이나 필요성을 잘 인식하고 있어 '지식경영 인지도 지수'가 1999년의 72.6에서 올해에는 81.7로 높아졌다. 또 63.3%의 기업이 지식경영 전담조직(TFT)을 운영하고 있고 전담인원은 평균 6.5명인 것으로 조사됐으며 기업들이 지난해 지식경영과 관련해 지출한 비용은 매출액 대비 0.75%로 98년의 0.3%에 비해 크게 증가했다.

지식경영의 도입 목적으로는 조직원의 역량 증진이 42.1%로 가장 높았고 생산성향상 26.3%, 합리적 의사결정 18.4% 등의 순으로 나타났다. 지식경영이 성공하려면 CEO가 강력한 의지를 가져야 한다는 응답이 41.5%, 조직의 분위기, 문화를 지적한 곳이 20.8% 였다. 장애요인으로는 종업원의 인식부족(32.1%) 조직문화(17.9%) 추진력 미흡(16.1%)를 꼽아 경영진의 추진 의지와 조직구성원의 인식이 성공의 관건인 것으로 조사됐다.

● SK, 사내 아이디어 상품화 나선다 _ 내외경제(2001.3.27.)

SK(주)가 자체 지식경영시스템(KMS)이 활성화 단계에 접어들면서 지식상품화 사업에 급피치를 올리고 있다. SK(주)는 올해 직원들에 의해 KMS에 등록되는 지식들을 여과·정제한 뒤 상품성이 입증된 것들을 판매하는 사업을 본격적으로 추진할 계획이다. KMS를 통해 새로운 지식 기반의 비즈니스 모델을 창출하려는 SK(주)의 이러한 움직임에 대해 전문가들은 선진적 영업방식이라고 평가하고 있다. 대부분 기업들의 KMS 추진목적이 아직 내부 경쟁력 강화에 국한돼 있는 데다 직원들의 참여가 부족해 지식공유 차원에서 KMS를 제대로 활용하지 못하고 있는 상황이기 때문이다.

SK(주)의 KMS 활성화 요인

SK(주)의 KMS는 특히 직원들의 커뮤니티 중심으로 활성화돼 있다. 현재 직원들이 자발적으로 만든 750여 개의 학습조직과 업무 프로젝트팀이 사이버 상에서 운영되고 있는 것으로 나타났다. 이와 관련해 SK(주) KM추진그룹의 정우현 팀장은 "오랜 기간 동안 최고 경영자(CEO)들의 강력한 추진 의지가 이어져 사내에 지식 공유에 대한 공감대가 자연스럽게 형성된 것이 KMS 활성화의 주요인"이라고 말했다. SK(주)는 지난 1979년부터 이미 당시 CEO가 직접 만든 경영이론 체계인 'SKMS'를 전사적으로 공유해왔으며 1989년에는 기업 최고의 가치 목표를 '수펙스(SUPEX)'로 명명, 해마다 우수 사례를 발굴해 데이터베이스로 구축해왔다. 이 과정에서 지식을 공유하는 기업문화가 자연스럽게 정착 될 수 있었다.

또 SK(주)는 KMS를 시행하는 과정에서도 급격한 변화로 인한 직원들의 동요와 반감을 줄이고 공감대를 이끌어내기 위해 많은 노력을 기울였다. SK(주)는 우선 중앙에 지식경영에 대한 가이드라인을 제시하는 KM추진그룹이라는 전담팀을 둬 힘을 모아주고 CEO의 강력한 추진 의지를 사원들에게 알렸다. 하지만 이것만으로는 직원들의 자발적 참여를 이끌어내는 데 한계가 있다고 판단해 현장의 상황에 밝은 중간 관리자급을 내세워 KMS를 점진적으로 추진했다. 이에 따라 사업본부장에게 실질적인 권한을 부여, 본부별 특성에 맞게 가이드라인을 선택 적용하고 시스템 활용도에 차이를 두도록 하는 등 사업본부장의 의견을 최대한 존중했다. 또 과장 및 부장 등 중간 관리자급으로 이뤄진 KM매니저, 지식 챔피언들이 사업본부장을 보좌하도록 해 경영진과 일반사원간의 의견 차이를 좁혀나갔다.

SK(주)의 지식상품화 사업

SK(주)는 이미 지난해 말 KMS를 통해 윤활기유 공정기술을 컨설팅 상품으로 발굴, 현재 동남아시아 및 아프리카지역에서 상당한 수익을 올리고 있는 것으로 나타났다. SK(주)는 곧이어 중국 및 동남아시아를 겨냥해 KMS를 바탕으로 특수 아스팔트 생산기술도 제품으로 판매할 계획이다.

SK(주) OK캐쉬백사업부에서는 지식상품화 사업에 자체 커뮤니티를 최대한 활용할 예정이다. 또 대전에 위치한 연구개발센터에서는 그 동안의 연구 성과물 및 보유 기술을 중심으로 지식 기반의 수익사업을 추진해나가기로 했다. 특히 올해 초 현 CEO가 KMS를 통한 사업부별 성과를 보고하도록 요구한 것으로 알려져 이 회사의 지식상품화 사업은 앞으로 더욱 가속화될 것으로 전망된다. KM추진그룹의 정우현 팀장은 "올해부터 지식상품화 사업을 본격화하는 한편 상반기 안에 KMS를 지식 포털로 발전시켜 개인별 업무특성에 맞게 필요한 정보만 간추려 보여주는 맞춤 서비스를 제공해 KMS를 더욱 활성화시킬 계획"이라고 밝혔다.

● 지식경영대상 수상업체, SK 울산 콤플렉스

_ 매일경제(2000.11.3.)

SK 주식회사 울산 Complex는 국내 최대의 에너지 · 화학기업인 SK 주식회사의 생산기지로 250만 평 부지에 40여 개의 단위공정을 운영하고 있는 세계 최대의 단일 공장이다. 이 업체는 1999년 초 세계적인 경쟁력 확보와 생산효율성 제고 및 공정 운용 능력 등 지식을 활용한 신규사업기반 구축을 위해 지식경영을 도입한 결과 올해 'Good KM Start(효과적 지식경영 도입조직)' 부문 수상업체로 선정됐다. 지식경영요소의 첫번째 항목인 지식항목에 대해 이 회사는 핵심지식을 전략적인 시각에서 접근하고 있으나 지식격차 및 원천에 대한 분석은 다소 부족하다고 지적됐다.

이 회사는 계열화 공장의 최적운영 능력을 핵심역량으로 정의하고 안정적인 조업과 생산의 효율성을 제고하는 데 필요한 지식을 핵심지식으로 정의하고 있다. 이러한 지식을 정보 및 아이디어 차원의 워킹레벨(Working Level) 지식, 가치 검증을 거친 스트럭쳐레벨(Structure Level) 그리고 조직화 과정을 거친 코어레벨(Core Level)로 구분하여 지식체계 정리로 구분해 체계적으로 정리했다. 또 코어레벨의 지식인 업무 매뉴얼을 필요지식수준으로 정의하고 솔로먼지수를 통해 세계 최고 수준과의 생산성을 비교해 지식격차를 파악해 왔다.

업무 매뉴얼은 28명의 전문가인 KC(Knowledge Champion)나 CoP(Community of Practice)에 의해 기존 지식 데이터베이스에 축적

된 스트럭쳐레벨의 조직화절차를 거쳐 만들어지고 있다. 지식 프로세스는 적절히 설계되고 관리되고 있다는 점에서 높이 평가됐다. CoP와 현업의 임무를 달성하기 위해 구성된 프로젝트룸을 통해 핵심지식이 창출되고 있으며 생산효율성 개선을 위해 TOP (Total Operation Performance), OPI(Optimization Process Improvement), 그리고 CIM(Computer Integrated Manufacturing) 등을 활용하고 있다. 또 지식의 활용도는 조회건 수 추천 수 등을 통해 평가하고 있으며 설문조사나 온라인 커뮤니케이션을 통해 지식 프로세스를 개선하고 있다.

지식경영 추진을 위한 조직구성은 CKO를 중심으로 지식경영업무를 전담하는 KM팀과 현업의 업무를 수행하면서 KM관련 업무를 수행하는 KC 그리고 변화관리를 주도하는 KM Facilitator(팀당 1명) 등으로 체계화돼 있다. 팀별 KM목표를 설정해 각종 교육이나 설문조사 모니터링에서 변화를 측정하고 각종 보상을 지식활동과 연계했다.

이 회사는 Lotus Notes를 활용한 지식경영시스템을 구축하고 있으며 정보의 질과 기밀정도에 따라 사외비, 사내비 기밀의 3등급으로 구분해 접근을 제한하고 있는 등 보안유지에 철저하다는 점에서 높이 평가받았다.

지식경영을 추진한 결과 순익증가 등 재무성과면에서 가시적인 성과를 거뒀으나 지속적인 경영성과라고 볼 수 없으며 지식활동을 위한 조직문화가 확산되고 있는 단계로 파악했다. 1998년 1,160억 원을 기록하던 순이익이 지식경영도입 이후인 1999년과 올 해 각각 3,450억 원과 4,400억 원(예상)을 달성하고 있는 등 재무성과가 현격히 개선되고 있다. 또 새로운 기술사업진출로 인해 기술상품 수주액이 1999년 20억 원에서 올해에는 268억 원에 달할 것으로 전망된다. 올 6월 기준으로 217개의 프로젝트룸이 운영중이며 5만 여 건의 지식이 등록돼 있는 등 지식경영을 지속적으로 이뤄내는 원동력으로 작용할 것이라고 평가했다.